PRIMA.NOVA
LATEIN LERNEN
BEGLEITBAND

C.C. BUCHNER

PRIMA.NOVA
LATEIN LERNEN

Herausgegeben von Clement Utz und Andrea Kammerer

Bearbeitet von Martin Biermann, Josef Burdich, Roswitha Czimmek, Wolfgang Freytag, Wolff-Rüdiger Heinz, Gerhard Hey, Christina Kakridi, Andrea Kammerer, Stefan Kipf, Ingo Köhne, Anja Lücker, Christian Müller, Stefan Müller, Bernhard O'Connor, Antje Sucharski, Clement Utz und Edzard Visser

Der Begleitband **PRIMA.NOVA** wurde erarbeitet von Clement Utz und Andrea Kammerer unter Mitarbeit von Martin Biermann, Josef Burdich, Roswitha Czimmek, Wolfgang Freytag, Anja Lücker, Bernhard O'Connor und Edzard Visser.

BAMBERGER WORTSCHATZ

2. Auflage, 6. Druck 2016
Alle Drucke dieser Auflage sind, weil untereinander unverändert, nebeneinander benutzbar.

Dieses Werk folgt der reformierten Rechtschreibung und Zeichensetzung. Ausnahmen bilden Texte, bei denen künstlerische, philologische oder lizenzrechtliche Gründe einer Änderung entgegenstehen.

Lektorat: Bernd Weber
Grafik und Satz: ARTBOX Grafik und Satz GmbH, Bremen
Einbandgestaltung: creo Druck & Medienservice, Bamberg / Julia Weismantel
Druck und Bindung: Pustet, Regensburg

www.ccbuchner.de

ISBN 978-3-7661-**7971**-5

Mit dem Begleitband zu PRIMA.NOVA arbeiten

In diesem Begleitband von **PRIMA.NOVA** sind Wortschatz, Grammatikstoffe und Methodenteile Lektionen begleitend aufbereitet.

Wortschatz

Die lateinischen **Wörter** und **Wendungen** (**W**) sind in der Reihenfolge angeordnet, wie sie in den Texten vorkommen.

In der Regel sind die folgenden **grammatischen Eigenschaften** beigefügt:

- **Genusendungen** bei Adjektiven (z.B. magnus, a, um)
- **Genusangaben** bei Substantiven der 3., der e- und der u-Deklination (z.B. urbs, urbis *f*)
- **Genitive** bei Substantiven der 3., der e- und der u-Deklination (z.B. mons, montis) sowie bei einendigen Adjektiven (z.B. felix, felicis)
- **Stammformen** bei Verben mit „unregelmäßiger" Perfektbildung (als „regelmäßig" gelten das v-Perfekt der a- und ī-Konjugation sowie das u-Perfekt der e-Konjugation)
- **Kasusrektionen** und **Verbvalenzen**, die vom Deutschen abweichen (z.B. iubere *m. Akk.*), wichtige **Kollokationen** (z.B. animo deficere) und relevante Kasusfragen.

Im **Graudruck** erscheinen:

- Wendungen mit bereits bekannten Vokabeln (z.B. gratias agere)
- Präsensformen und deutsche Bedeutungen bereits bekannter Verben, deren Stammformen nachgetragen werden (z.B. dare, do, dedi geben)
- lateinische Vokabeln und deutsche Bedeutungen, wenn weitere Bedeutungen nachgetragen werden (z.B. contendere, contendo, contendi behaupten; eilen, sich anstrengen)
- Namen am Ende der Wortschätze (vgl. Eigennamenverzeichnis).

Vor den Lernwortschätzen stehen jeweils (eingerahmt) **Wiederholungsvokabeln**, deren Kenntnis vor der Bearbeitung einer Lektion sichergestellt werden sollte.

Zur Wortschatzarbeit gibt es immer wieder auch ergänzende **Lernhilfen**, die der Motivation, der Vertiefung und Veranschaulichung dienen, deren Kenntnis jedoch in den Lektionstexten nicht vorausgesetzt wird:

- Hinweise zum Weiterleben und zur kulturellen Bedeutung der lateinischen Sprache sowie zum Sprachenvergleich
- Minikontexte: kurze, einprägsame lateinische Sätze zu Vokabeln, die unterschiedlich konstruiert werden können oder stark voneinander abweichende Bedeutungen haben
- Wortfamilien zur Verdeutlichung von Wortbildungselementen und etymologischen Zusammenhängen
- Sach- und Wortfelder sowie Abbildungen und Übersichten.

Diese Ergänzungen stehen auch in Zusammenhang mit den kompetenzorientierten Aufgaben und Übungen (blaue Infinitivwendungen) im Textband.

Grammatik

Die grammatischen Erläuterungen sind einheitlich gegliedert nach:

F Formenlehre
S Syntax und / oder Semantik
T Textgrammatik

Die Darbietung ist konsequent auf das für die Schülerinnen und Schüler Wichtige beschränkt, wobei Leseverstehen und Sprachreflexion als zentrale Kompetenzbereiche Auswahl und Umfang bestimmten. Die sprachlichen Phänomene werden zumeist in induktiver Weise an Beispielsätzen erläutert. Dabei sind die Beispielsätze – soweit es der jeweilige Stoff erlaubt – so konzipiert, dass die Grammatikteile auch vor der Behandlung des Lektionstextes besprochen werden können; sie enthalten nämlich – wie auch die **G**-Teile im Textband – keine neuen Vokabeln.

Darüber hinaus sind an einigen Stellen (meist zweiseitige) **Übersichten** eingefügt, die zusammenfassend und systematisierend Tabellen zu den Deklinations- und Konjugationsformen bieten und – wie auch das Tabellarium am Ende des Buches – den Benutzern die Ordnung in der Vielfalt lateinischer Formen erleichtern.

Methode

Die stoffbezogenen Teile (**F**, **S**, **T**) werden immer wieder durch Abschnitte zur **Methodenkompetenz** (**M**) ergänzt. Diese beziehen sich auf fachbezogene und überfachliche Lern- und Arbeitskompetenzen (z. B. zum Vokabellernen, zum Abfragen lateinischer Sätze, zur Auflösung mehrdeutiger Wortformen und zur Wortbildung) sowie auf Ansätze und Methoden der Texterschließung.

Die Behandlung der Stoffbausteine, die im Inhaltsverzeichnis grau gedruckt sind, ist **fakultativ** (vgl. Vorwort zum Textband). Bei diesen Stoffen sind auch die Überschriften im Begleitband grau gedruckt.

Treffpunkte im alten Rom

Römisches Alltagsleben

Aus der Geschichte Roms

W

senātor	Senator	
forum	Marktplatz, Forum, Öffentlichkeit	Forum, e. forum
properāre, properat	eilen, sich beeilen	
nam	denn, nämlich	
ibī	dort	
cūria	Kurie, Rathaus	
esse, est	sein	Essenz, essenziell
hīc	hier	
turba	Menschenmenge, Lärm, Verwirrung	Trubel, Turbine, turbulent, e. trouble
stāre, stat	stehen	e. to stay
et	und, auch	f. et
clāmāre, clāmat	laut rufen, schreien	Re-klame, re-klamieren
avē!	sei gegrüßt!	
gaudēre, gaudet	sich freuen	
salvē!	sei gegrüßt!	
salvēte!	seid gegrüßt!	
subitō	plötzlich	
servus	Sklave	„Servus"
adesse, adest	da sein	
rogāre, rogat	bitten, erbitten, fragen	
ubī?	wo?	f. où
rīdēre, rīdet	lachen, auslachen	f. rire
tum	da, damals, darauf, dann	

F 1 Substantive: Nominativ Singular

a) Lateinische und deutsche **Substantive** (Hauptwörter) kommen im **Singular** (in der Einzahl) und im **Plural** (in der Mehrzahl) vor, z. B. der Sklave, die Sklaven.

Sie können **dekliniert** (gebeugt), d. h. in verschiedene **Kasus** (Fälle) gesetzt werden, z. B. der Sklave, des Sklaven, usw.
In diesem Kapitel stehen alle Substantive im **Nominativ** (1. Fall) Singular.

b) Im Deutschen und Lateinischen gibt es verschiedene **Deklinationsklassen**, d. h. verschiedene Arten, Substantive zu deklinieren,
z. B. der Senator, des Senators usw.,
der Sklave, des Sklaven usw.

Wir unterscheiden im Lateinischen zunächst vier verschiedene Arten von Substantiven, von denen zwei der gleichen Deklinationsklasse angehören:

turb-**a**	1. oder a-Deklination
serv-**us**	2. oder o-Deklination
for-**um**	2. oder o-Deklination
senāt**or**	3. Deklination (Mischdeklination)

c) Wie im Deutschen gibt es auch im Lateinischen drei verschiedene **Genera** (grammatische Geschlechter):

masculīnum	*(m)*	männlich
feminīnum	*(f)*	weiblich
neutrum	*(n)*	sächlich

Das **Genus** (das grammatische Geschlecht) eines lateinischen Wortes kann mit dem des entsprechenden deutschen Wortes übereinstimmen oder davon abweichen:

	turba	*(f)*	die / eine Menschenmenge	*(f)*
	servus	*(m)*	der / ein Sklave	*(m)*
	senātor	*(m)*	der / ein Senator	*(m)*
aber:	forum	*(n)*	der / ein Marktplatz	*(m)*

Im Deutschen erkennt man das Geschlecht am Artikel.
Im Lateinischen gibt es keinen Artikel; man kann das Geschlecht oft an der Endung des Substantivs ablesen.

F 2 Verben: 3. Person Präsens Singular

a) Lateinische und deutsche **Verben** (Zeitwörter) können **konjugiert** (gebeugt) werden, z. B. ich rufe, du rufst, er (sie, es) ruft usw.

In diesem Kapitel stehen alle Verben in der 3. Person **Präsens** (Gegenwart) **Singular** (Einzahl).

b) Wir unterscheiden im Lateinischen zunächst zwei verschiedene **Konjugationsklassen**, d. h. verschiedene Arten, Verben zu konjugieren.
Sie sind nach den Lauten benannt, auf die der **Wortstamm** endet:

clāma-**t**	er (sie, es) schreit	ā-Konjugation
rīde-**t**	er (sie, es) lacht	ē-Konjugation

Die 3. Person Singular endet in allen Konjugationsklassen auf -t .

Die Formen des Hilfsverbs (est) gehören keiner dieser Klassen an.

F 3 Verben: Infinitiv Präsens

Im Wortschatz wird bei Verben immer der **Infinitiv** (die Grundform) Präsens angeführt:

clāmā-**re**	(zu) schreien	ā-Konjugation
rīdē-**re**	(zu) lachen	ē-Konjugation

Der Infinitiv Präsens endet in allen Konjugationsklassen auf -re .
Der Infinitiv Präsens des Hilfsverbs lautet es-se.

M 1 Sprache betrachten: Fremd- und Lehnwörter nutzen

Die lateinische Sprache lebt auch im Deutschen weiter, und zwar in Fremd- und Lehnwörtern:

Die **Fremdwörter** haben ihre ursprüngliche lateinische Form weitgehend behalten, z.B. das Forum (lat. forum) oder die Basilika (lat. basilica).

Bei **Lehnwörtern** erkennt man die fremde Herkunft nicht sofort, da sie ihre Form und ihre Laute an das Deutsche angeglichen haben, z.B. der Tempel (lat. templum) oder der Wein (lat. vinum).

Solche Wörter findest du in der **dritten Spalte des Lernwortschatzes**. Wenn du ihre Bedeutung kennst, kannst du sie nutzen, um dir die zu Grunde liegende lateinische Vokabel einzuprägen. Umgekehrt kannst du Fremd- und Lehnwörter, die dir unbekannt sind, von den lateinischen Vokabeln ableiten.

M 2 Wörter lernen: Lerntechniken kennen

Es gibt verschiedene Techniken, wie du dir lateinische Wörter einprägen kannst:

a) Lernen mit dem Buch
Decke die lateinische Spalte des Wortschatzes ab. Lies die Bedeutungen des ersten Wortes und versuche, das lateinische Wort laut zu sagen. Durch Aufdecken kannst du überprüfen, ob die Lösung stimmt. Nun ist das nächste Wort an der Reihe. Übe so lange, bis du in einem Durchgang alle lateinischen Wörter nennen kannst. Mache es dann mit der deutschen Spalte genauso. Wenn du alle Wörter kannst, solltest du dich „durcheinander“ abfragen lassen.

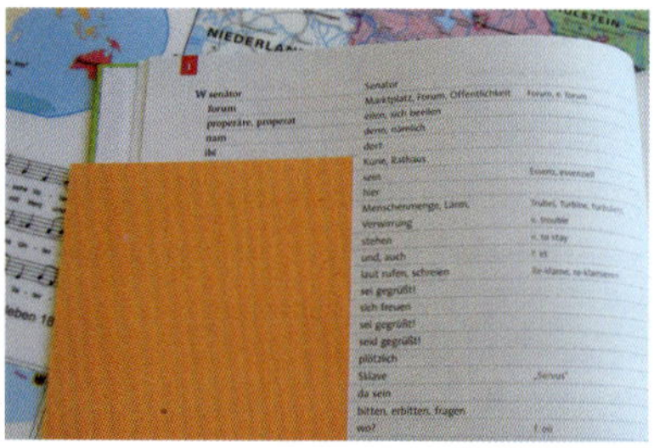

b) Lernen mit dem Vokabelheft
Die lateinischen Wörter und ihre deutschen Bedeutungen werden zweispaltig in ein Vokabelheft übertragen. Dann lässt sich dieselbe Abdecktechnik anwenden wie für das Lernen mit dem Buch. Ein Vorteil ist, dass du dir geschriebene Wörter leichter einprägst.

c) Lernen mit Vokabelkarten
Jede Vokabel eines Kapitels wird auf eine Karte übertragen (Vorderseite: lateinisches Wort; Rückseite: deutsche Bedeutungen). Dabei lassen sich die Wörter z.B. nach Wortarten sortieren, wenn man verschiedenfarbige Karten verwendet. Präge dir die Vokabeln der Reihe nach ein wie bei Technik 1. Ob die von dir genannte Lösung richtig ist, ermittelst du durch Umdrehen der Karten. Besonders leicht kannst du dich hier „durcheinander“ abfragen: Mische die Karten einfach und sortiere dann Wörter, die du nicht kannst, für einen zweiten Durchgang aus.
Wenn du schon Wörter mehrerer Kapitel gelernt hast, empfiehlt sich die Benutzung einer Vokabelkartei, mit deren Hilfe du die Karten sortieren und gezielt wiederholen kannst.

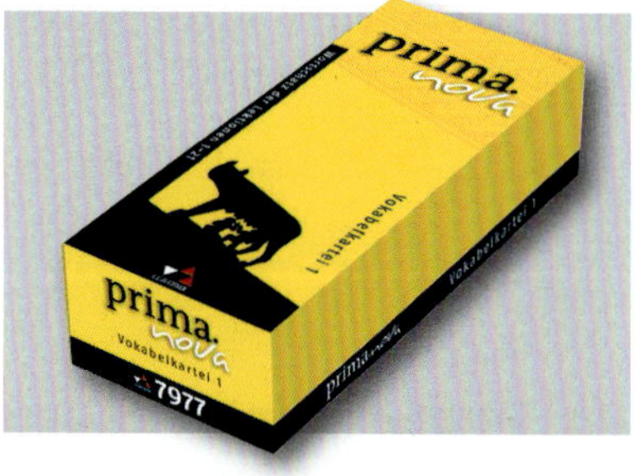

d) Lernen mit dem Computer
Bei der Verwendung eines Vokabelprogramms richtest du dich nach den Anweisungen dieses Programms.

W

nam	denn, nämlich	**stāre**	stehen
adesse	da sein	**gaudēre**	sich freuen

hodiē *Adv.*	heute	
circus	Zirkus, Rennbahn	
lūdus	Spiel, Wettkampf; Schule	
sunt	sie sind	f. sont
sed	aber, sondern	
amīcus	Freund	f. ami
diū *Adv.*	lange Zeit	
exspectāre, exspectat	warten, erwarten	e. to expect
tandem	endlich	
populus	Volk	Pöbel, Population, e. population
etiam	auch, sogar	
nunc *Adv.*	jetzt, nun	e. now
tacēre, tacet	schweigen	
porta	Tor	Pforte, Portal
patēre, patet	offenstehen, sich erstrecken	Patent
equus	Pferd	
accēdere, accēdit	herbeikommen, hinzukommen	e. access
dēnique *Adv.*	schließlich, zuletzt	
sīgnum	Merkmal, Zeichen	Signal, Signatur
dare, dat	geben	Datum, Daten, Dativ
currere, currit	eilen, laufen	Kurier, Curriculum
surgere, surgit	aufstehen, sich erheben	
vocāre, vocat	rufen, nennen	Vokal, Vokativ
victor *m*	Sieger	Viktor, e. victor
ecce	schau / schaut! sieh da / seht da!	
praemium	Belohnung, Lohn, (Sieges-)Preis	Prämie, e. premium

Aulus	Aulus (männlicher Eigenname)
Gāius	Gajus (männlicher Eigenname)
Syrus	Syrus (männlicher Eigenname)

F 1 Substantive: Nominativ Plural

	Sg.		Pl.		
Nom.	**turba**	die / eine Menschenmenge	**turb-ae**	(die) Menschenmengen	a-Deklination
Nom.	**servus**	der / ein Sklave	**serv-ī**	(die) Sklaven	o-Deklination *m*
Nom.	**forum**	der / ein Marktplatz	**for-a**	(die) Marktplätze	o-Deklination *n*
Nom.	**senātor**	der / ein Senator	**senātōr-ēs**	(die) Senatoren	3. Deklination

Wie du an den Beispielen in der Tabelle siehst, kannst du im Lateinischen an den Endungen den Kasus und den Numerus erkennen.

Beachte:

for**a**	die Marktplätze (zu forum)
turb**a**	die Menschenmenge

Da die Endung -a sowohl im Plural der o-Deklination *(n)* als auch im Singular der a-Deklination vorkommt, kannst du eine solche Form nur richtig erfassen, wenn du weißt, wie das Wort im Nominativ Singular heißt.

F 2 Verben: 3. Person Präsens Plural

	Sg.		Pl.		
3. Pers.	**clāma-t**	er (sie, es) schreit	**clāma-nt**	sie schreien	ā-Konjugation
3. Pers.	**rīde-t**	er (sie, es) lacht	**rīde-nt**	sie lachen	ē-Konjugation
3. Pers.	**es-t**	er (sie, es) ist	**s-u-nt**	sie sind	Hilfsverb

Person und Numerus (Singular bzw. Plural) sind im Lateinischen an der Personalendung zu erkennen. Die 3. Person Plural endet in allen Konjugationsklassen auf -nt .

F 3 Verben: konsonantische Konjugation

Bei den Verben der konsonantischen Konjugation endet der Wortstamm auf einen Konsonanten, z.B. curr-ĕ-re (zu) laufen.
Das -e- im Infinitiv ist ein Bindevokal, der kurz gesprochen wird.

	Sg.		Pl.		
3. Pers.	**curr-i-t**	er (sie, es) läuft	**curr-u-nt**	sie laufen	kons. Konjugation

Auch das -i- bzw. -u- vor den Endungen der 3. Person ist ein zusätzlich eingefügter Bindevokal.

S 1 Subjekt und Prädikat

Servus	ridet.	Servi	rident.
Der Sklave	lacht.	Die Sklaven	lachen.

Der einfache Satz besteht wie im Deutschen aus zwei Satzgliedern, nämlich aus **Subjekt** (Satzgegenstand) und **Prädikat** (Satzaussage). Der Aufbau eines Satzes kann in einem Satzmodell dargestellt werden:

Nach dem Subjekt fragen wir „wer oder was?“, nach dem Prädikat „was wird ausgesagt?“. Wie im Deutschen und Englischen richtet sich das Prädikat im **Numerus** (Sg. bzw. Pl.) nach dem Subjekt. Diese Übereinstimmung nennt man **Kongruenz**.

Subjekt ———	Prädikat
Servus	ridet
Servi	rident

S 2 Subjekt im Prädikat

Clam*ant*.
Sie schreien.

Im Lateinischen muss nicht unbedingt ein eigenes Subjekt stehen, da die jeweilige Person an der Endung des Prädikats zu erkennen ist. Das Subjekt kann also auch im Prädikat enthalten sein. Wer oder was tatsächlich gemeint ist (z.B. die Sklaven), ergibt sich aus dem vorhergehenden Text. Bei der Übersetzung muss man im Deutschen entsprechende Pronomina (Fürwörter) einsetzen.

S 3 Substantiv als Prädikatsnomen

Syrus victor est.
Syrus ist Sieger.
Syrus is the winner.

Subjekt —— Prädikat
Syrus est
victor
(Präd. nom.)

Im Lateinischen kann das Prädikat aus einer Form des Hilfsverbs esse und einem Substantiv im Nominativ, dem **Prädikatsnomen**, bestehen.

Diese Konstruktion ist auch im Deutschen und Englischen üblich.

M Lernen planen: Grundsätze beachten

Ob du dir neue Wörter einprägst, einen neuen Grammatikbaustein oder sonst irgendeinen neuen Inhalt lernst: In jedem Fall solltest du die folgenden Grundsätze beachten, um Gelerntes dauerhaft im Gedächtnis zu verankern:

a) Lerne mehrkanalig.
Du behältst die Wörter oder Stoffe leichter, wenn du mehrere Kanäle, d.h. Sinne, am Lernprozess beteiligst. Präge dir z. B. Wörter nicht nur über die Augen ein, sondern nimm sie auch über die Ohren auf: **Lies** sie also nicht nur, sondern **sprich** sie laut. Stoffe, die du dir schlecht merken kannst, solltest du auch **schreiben**. Zusätzlich ist es vorteilhaft, wenn du mit ihnen etwas **tust**: Hefte sie z.B. an eine Pinnwand, gestalte ein Plakat oder lerne, indem du anderen den Stoff noch einmal erklärst. Viele Vokabeln lassen sich auch **zeichnen**.

b) Teile dir den Stoff in Portionen ein.
Unser Gedächtnis kann eine größere Menge an Stoff leichter speichern, wenn wir ihn in kleine Portionen einteilen. Wenn du z.B. zehn neue Vokabeln lernen musst, solltest du zwei Gruppen daraus machen und diese nacheinander lernen, mit einer kurzen Pause dazwischen.
Bis zu sieben Stoffbausteine, also z.B. Vokabeln, kann das Gedächtnis auf einmal speichern.

Sprachen vergleichen

Vergleiche die **französischen Wörter und Formen**, die sich aus dem Lateinischen entwickelt haben:

porta	*f. porte*	esse	*f. être*
amicus	*f. ami*	est	*f. est*
templum	*f. temple*	sunt	*f. sont*

W

subitō	plötzlich	**tum**	da, damals, darauf, dann
accēdere	herbeikommen, hinzukommen	**ubī?**	wo?
properāre	eilen, sich beeilen		

ad *Präp. m. Akk.*	an, bei, nach, zu	e. at
per *Präp. m. Akk.*	durch, hindurch	
amīca	Freundin	f. amie
vidēre, videt	sehen; darauf achten	Video, wissen, e. (to) view
petere, petit	(auf)suchen, (er)streben, bitten, verlangen	Petition
templum	Tempel	e. temple
aedificium	Gebäude	f. édifice
spectāre, spectat	betrachten, hinsehen	
basilica	Basilika, Halle	
intrāre, intrat	betreten, eintreten	entern, e. to enter
mercātor, mercātōrem *m*	Kaufmann, Händler	
contendere, contendit	eilen; sich anstrengen	
bēstia	Tier	f. bête
vendere, vendit	verkaufen	
ante *Präp. m. Akk.*	vor	
taberna	Laden, Werkstatt, Gasthaus	Taverne
statim *Adv.*	auf der Stelle, sofort	
in *Präp. m. Akk.*	in (... hinein), nach (... hin), gegen *(wohin?)*	e. in
dēlectāre, dēlectat	erfreuen, unterhalten	
mulier, mulierem *f*	Frau	
autem *(nachgestellt)*	aber, andererseits	
clāmor, clāmōrem *m*	Geschrei, Lärm	Klamauk
tollere, tollit	aufheben, in die Höhe heben, wegnehmen	
clāmōrem tollere	ein Geschrei erheben	
quid?	was?	
quis?	wer?	
itaque *Adv.*	deshalb	
relinquere, relinquit	unbeachtet lassen, verlassen, zurücklassen	Relikt, Reliquie, e. to relinquish
cūr?	warum?	
apud *Präp. m. Akk.*	bei, nahe bei	
nōn	nicht	e. no
iam *Adv.*	schon, nun	
nōn iam *Adv.*	nicht mehr	

Atia	Atia (weiblicher Eigenname)
Antōnia	Antonia (weiblicher Eigenname)
Rutīlius	Rutilius (männlicher Eigenname)
basilica Iūlia	Basilika Julia (Halle, die von der Familie der Julier errichtet wurde)

F **Substantive: Akkusativ** (4. Fall)

	Sg.		Pl.		
Akk.	**turb-am**	die / eine Menschenmenge	**turb-ās**	(die) Menschenmengen	a-Deklination
Akk.	**serv-um**	den / einen Sklaven	**serv-ōs**	(die) Sklaven	o-Deklination *m*
Akk.	**for-um**	den / einen Marktplatz	**for-a**	(die) Marktplätze	o-Deklination *n*
Akk.	**senātōr-em**	den / einen Senator	**senātōr-ēs**	(die) Senatoren	3. Deklination

Bei den Neutra sind die Formen des Nominativs und des Akkusativs gleich.
Sie enden im Singular auf -um, im Plural auf -a.

S 1 Akkusativ als Objekt

Populus senatorem exspectat.
Das Volk erwartet den Senator.

Der Akkusativ hat wie im Deutschen und Englischen die Satzgliedfunktion des Objektes. Er gibt die Person oder Sache an, auf die die Handlung unmittelbar gerichtet ist oder einwirkt. Objekte hängen vom Prädikat ab und ergänzen es.
Nach dem **Akkusativobjekt** fragen wir „wen oder was?“.

Verben, die ein Akkusativobjekt nach sich haben können, heißen „transitive“ Verben, die anderen Verben nennt man „intransitiv“.

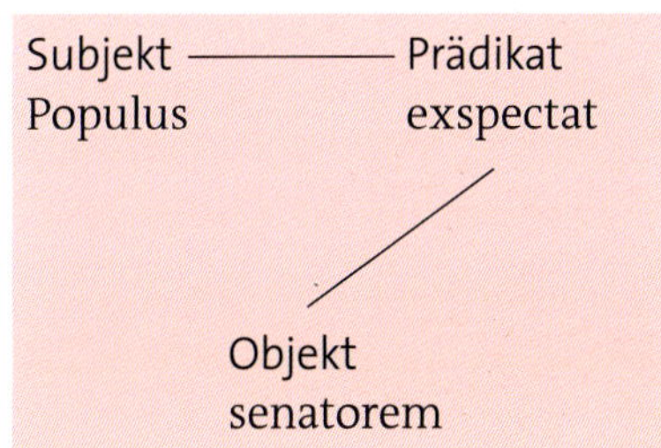

S 2 Präpositionalausdruck als Adverbiale

Senator ad forum properat.
Der Senator eilt zum Forum.

Ein Satz kann neben den Satzgliedern Subjekt, Prädikat und Objekt noch weitere Angaben enthalten, die z.B. über Ort, Zeit oder Grund des Geschehens informieren. Eine solche zusätzliche Angabe nennt man **Adverbiale** (Umstandsbestimmung). Das Adverbiale hängt vom Prädikat ab und erläutert es.
Hier steht ein **Präpositionalausdruck** (ad forum) als Adverbiale.
Der Präpositionalausdruck besteht aus einer Präposition (einem Verhältniswort) und einem Substantiv (hier: im Akkusativ).
Als Adverbiale kann auch ein einfaches Adverb (z.B. hic, nunc, subito) vorkommen.

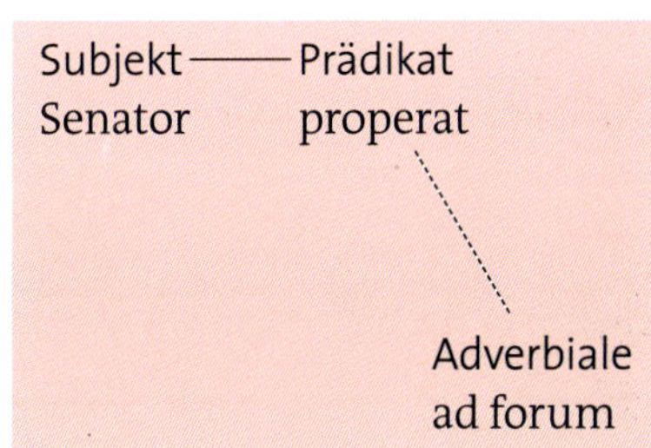

M 1 Übersetzen: Satzbauplan beachten

Mercator	bestias	vendit.
↓	↘ ↙	
Der Händler	verkauft	Tiere.

Beim Übersetzen musst du die unterschiedliche Satzstellung im Deutschen und Lateinischen beachten. Im Deutschen steht das Prädikat eines Aussagesatzes immer als zweites Satzglied, im Lateinischen meist an letzter Stelle.

M 2 Wörter lernen: an Bekanntes anknüpfen

Ein neuer Stoffbaustein wird leichter behalten, wenn es gelingt, eine Verbindung zu Bekanntem herzustellen.

Bei den lateinischen Wörtern gibt es verschiedene Möglichkeiten der Anknüpfung:

a) Wortfamilien und Vorsilben beachten
Viele lateinische Wörter haben eine „**Familie**". Verwandte Vokabeln zu lernen ist einfach. So kannst du dir clamor von clamare ableiten oder exspectare von spectare.
Viele **Vorsilben** (z. B. ex-) leiten sich von Präpositionen (z. B. ex „aus") her. Wenn du die Präposition schon gelernt hast, kannst du dir die Bedeutung der Verben mit der entsprechenden Vorsilbe leichter erschließen.

b) Vokabeln anderer Sprachen nutzen
Da sehr viele Wörter der „Muttersprache Latein" in den „Tochtersprachen" – den sog. romanischen Sprachen (Italienisch, Spanisch, Portugiesisch, Französisch, Rumänisch) – weiterleben und auch ins Englische entlehnt wurden, lassen sich Bezüge zu Vokabeln dieser Sprachen nutzen, um sich lateinische Wörter zu merken. Sicher kennst du das englische Wort *trouble* (vgl. lat. turba); vielleicht hast du in Italien die Wörter *porta* (vgl. lat. porta) oder *amico* (vgl. lat. amicus) schon einmal gelesen oder gehört.

c) Eselsbrücken erfinden
Wenn dir keine Verwandtschaft zwischen einem dir bekannten deutschen oder fremdsprachlichen Wort mit einer lateinischen Vokabel einfällt, kannst du dir mit Eselsbrücken helfen. tollere kannst du dir z. B. mit folgendem Satz merken: „Etwas *Tolles* möchte ich *aufheben* und *in die Höhe heben*, damit es mir keiner *wegnimmt*." Deiner Fantasie sind keine Grenzen gesetzt.

d) Lernumgebung einbeziehen
Sicher lassen sich immer wieder neue Wörter mit deiner Lernumgebung verknüpfen. Beispielsweise könntest du an deinem Kalender den aktuellen Tag mit der Markierung hodie kennzeichnen oder eine gewonnene Urkunde oder Medaille mit der Aufschrift praemium versehen.

W

petere	(auf)suchen, (er)streben, bitten, verlangen	**clāmor**	Geschrei, Lärm
mercātor	Kaufmann, Händler	**turba**	Menschenmenge, Lärm, Verwirrung
tacēre	schweigen	**rīdēre**	lachen, auslachen

in *Präp. m. Abl.*	in, an, auf, bei *(wo?)*	e. in, f. en
cum *Präp. m. Abl.*	mit, zusammen mit	
thermae, thermās *f Pl.*	Thermen, Badeanlage	
vestis, vestem *f*	Kleid, Kleidung	Weste
dēpōnere, dēpōnit	ablegen, niederlegen, aufgeben	deponieren, Depot
dē *Präp. m. Abl.*	von, von ... her, von ... herab; über	
cōgitāre, cōgitat	denken, beabsichtigen	
cōgitāre dē *m. Abl.*	denken an	
amāre, amat	lieben, gernhaben	Amateur, f. aimer
semper *Adv.*	immer	
dōnum	Geschenk	
vult	er (sie, es) will	
tamen	dennoch, jedoch	
laudāre, laudat	loben	Laudatio
tē *Akk.*	dich	f. te
certē *Adv.*	gewiss, sicherlich	e. certainly
complēre, complet	anfüllen, erfüllen	komplett, e. to complete
senex, senem *m*	Greis, alter Mann	Senior, senil
vīnum	Wein	e. wine, f. vin
sūmere, sūmit	nehmen	kon-sumieren, Kon-sum
prō *Präp. m. Abl.*	anstelle von, für, vor	pro-
pecūnia	Geld, Vermögen	
fūr, fūrem *m*	Dieb	
tantum *(nachgestellt)*	nur	
numquam *Adv.*	niemals	
uxor, uxōrem *f*	Ehefrau	
adulēscēns, adulēscentem *m*	junger Mann	

Lūcius	Lucius (männlicher Eigenname)
Quīntus	Quintus (männlicher Eigenname)

F Substantive: Ablativ (6. Fall)

	Sg.		Pl.	
Abl.	(cum)	turb-ā	turb-īs	a-Deklination
Abl.	(cum)	serv-ō	serv-īs	o-Deklination *m*
Abl.	(in)	for-ō	for-īs	o-Deklination *n*
Abl.	(cum)	senātōr-e	senātōr-ibus	3. Deklination

Der **Ablativ** ist ein lateinischer Kasus (Fall), den es im Deutschen nicht gibt.
Der Ablativ ist außerordentlich wichtig, da er häufig und in unterschiedlicher Verwendung vorkommt.
Oft tritt er in Verbindung mit einer Präposition (einem Verhältniswort) auf.

Ist das -a Ablativendung, so wird es lang gesprochen.
Zunächst findest du deshalb einen Querstrich als Längenzeichen darüber. Im Allgemeinen ist die Ablativendung -a aber im Druck nicht von der Nominativendung zu unterscheiden.

S 1 Ablativ als Adverbiale: Ablativ des Mittels

Populus circum clamore complet.
Das Volk erfüllt den Zirkus mit Geschrei.

Der Ablativ kommt hauptsächlich in der Satzgliedfunktion des Adverbiales vor. Als Ablativ des Mittels (Ablativus instrumentalis) gibt er an, womit etwas getan wird.
Wir fragen „womit?" oder „wodurch?".
Im Deutschen muss man eine passende Präposition (ein Verhältniswort) einsetzen, z.B. „mit" oder „durch".

S 2 Verwendung der Präpositionen

ad amicum	zum Freund
cum amicā	(zusammen) mit der Freundin
de foro	vom Marktplatz (herab)

Nach einer **Präposition** (einem Verhältniswort) steht im Lateinischen ein bestimmter Kasus, nämlich der Akkusativ oder der Ablativ. Welcher Kasus jeweils steht, musst du im Wortschatz mitlernen.
Nach einer Präposition entfällt also das „Abfragen".

in curiam	in das Rathaus	*(wohin?)*
in curiā	im Rathaus	*(wo?)*

Ausnahme: Bei der Präposition in gibt der Akkusativ die Richtung an (Frage: *wohin?*), der Ablativ den Ort (Frage: *wo?*).

Sprachen vergleichen

Das gleiche **Wort** in **fünf Sprachen**:

vestis	–	*f. veste*	–	*i. veste*	–	*e. vest*	–	*dt. Weste*
vinum	–	*f. vin*	–	*i. vino*	–	*e. wine*	–	*dt. Wein*

M Lernen planen: Hausaufgaben machen

Grundsätzlich gilt:

Hausaufgaben beginnen im Unterricht!
Je mehr du dir vom Lernstoff durch aufmerksame Teilnahme am Unterricht bereits in der Schule einprägst, desto leichter und schneller gehen dir die Hausaufgaben von der Hand.

Planung ist alles!
- Trage alle Hausaufgaben, die bis zu einem bestimmten Tag gemacht werden müssen, in einen Wochenplan (s.u.) ein.
- Räume deinen Hausaufgaben täglich genügend Zeit ein.
- Teile deine Hausaufgaben in überschaubare Portionen ein.

Abwechslung macht Spaß!
- Wechsle ab zwischen mündlichen und schriftlichen Aufgaben.
- Beginne mit etwas Leichtem, spare dir aber das Schwierige nicht bis zum Ende auf.

Für Latein gilt außerdem:

Genauigkeit ist angesagt!
- Lerne bei den Vokabeln jeden Buchstaben.
- Lerne alle ergänzenden Angaben im Vokabelteil mit, z.B. bei den Verben die 1. Pers. Sg.

Übung macht den Meister!
- Wiederhole die im Unterricht übersetzten und verbesserten Texte so gut, dass du sie flüssig wiedergeben kannst; so schleifen sich Wendungen ein und du gewinnst Sprachsicherheit.
- Erledige schriftliche Hausaufgaben besonders sorgfältig; notiere dir alles, was du dabei nachschlagen musstest, und präge es dir anschließend nochmals ein.

Mo
Latein: ~~*4 T. wiederholen, 2-4 W*~~
Mathe: ~~*S. 22 Regeln!*~~
Deutsch: ~~*Kommaregeln!*~~

Die
Musik: Flöte!
Latein: 5 W - 5 F - 5 Üa und b
Erdk.: Atlas! Hefteintrag

Mi
Deutsch: Aufsatz verbessern
Mathe: S. 24, Übung a-c
Sport: Turnschuhe!

Do
Mathe:
Engl.: Buch S. 17
Latein:

Fr

Mitteilungen

W

hodiē	heute	**accēdere**	herbeikommen, hinzukommen
currere	eilen, laufen	**tandem**	endlich
cūria	Kurie, Rathaus	**gaudēre**	sich freuen

cōnsistere, cōnsistō	haltmachen, sich aufstellen	Konsistenz, e. to consist
dubitāre, dubitō *(m. Inf.)*	zögern	e. to doubt
respondēre, respondeō	antworten, entsprechen	Kor-respondenz, e. to respond
undique *Adv.*	von allen Seiten	
circum *Präp. m. Akk.*	um ... herum, rings um	ca. (circa)
nūntius	Bote, Nachricht	Nuntius
victōria	Sieg	e. victory, f. victoire
nūntiāre, nūntiō	melden	denunzieren
ē / ex *Präp. m. Abl.*	aus, von ... her	
repente *Adv.*	plötzlich	
cōnsul, cōnsulem *m*	Konsul	Konsulat, e./f. consul
līctor, līctōrem *m*	Liktor (Begleiter höherer Beamter und einiger Priester)	
palam *Adv.*	bekannt, in aller Öffentlichkeit	
gaudēre, gaudeō *m. Abl.*	sich freuen über etw.	
licet	es ist erlaubt, es ist möglich	
quod *Subj. m. Ind.*	dass, weil	
iniūria	Unrecht, Beleidigung, Gewalttat	e. injury
dolēre, doleō *(m. Abl.)*	schmerzen; bedauern, Schmerz empfinden (über etw.)	kon-dolieren, Kon-dolenz
barbarus	Ausländer, „Barbar“	Barbar, e. barbarian
pūgnāre, pūgnō	kämpfen	
patria	Heimat	f. patrie
arma, arma *n Pl.*	Waffen, Gerät	Armee, Armatur, e. army
dēfendere, dēfendō	verteidigen, abwehren, schützen	defensiv, e. to defend
deus	Gott, Gottheit	„ade“, „adieu“
colere, colō	bewirtschaften, pflegen; verehren	kultivieren, Kultur
dēbēre, dēbeō	müssen, sollen; schulden	Debitor
sine *Präp. m. Abl.*	ohne	
perīculum	Gefahr	
vīvere, vīvō	leben	f. vivre

Satzbauplan beachten

Turba *tacere* debet.	Die Menschenmenge muss *schweigen*.
Senator *intrare* dubitat.	Der Senator zögert *einzutreten*.
Tabernas *intrare* licet.	Es ist möglich, die Läden *zu betreten*. (Man kann ... *betreten*.)

F Verben: 1. und 2. Person Präsens

	Sg.		Pl.		
1. Pers.	**clām-ō**	ich schreie	**clāmā-mus**	wir schreien	ā-Konjugation
1. Pers.	**rīde-ō**	ich lache	**rīdē-mus**	wir lachen	ē-Konjugation
1. Pers.	**curr-ō**	ich laufe	**curr-i-mus**	wir laufen	kons. Konjug.
1. Pers.	**s-u-m**	ich bin	**s-u-mus**	wir sind	Hilfsverb

(clamo aus clama-o)

	Sg.		Pl.		
2. Pers.	**clāmā-s**	du schreist	**clāmā-tis**	ihr schreit	ā-Konjugation
2. Pers.	**rīdē-s**	du lachst	**rīdē-tis**	ihr lacht	ē-Konjugation
2. Pers.	**curr-i-s**	du läufst	**curr-i-tis**	ihr lauft	kons. Konjug.
2. Pers.	**es**	du bist	**es-tis**	ihr seid	Hilfsverb

Vollständige Tabellen befinden sich im Tabellarium, S. 162.

S Ablativ als Adverbiale: Ablativ des Grundes

Servus dono gaudet.
Der Sklave freut sich über das Geschenk.

Nach Verben wie gaudere gibt der Ablativ den Grund an (Ablativus causae).
Wir fragen „worüber?“ oder „weshalb?“.

M 1 Übersetzen: Satzglieder abfragen

Manche lateinische Sätze sind nicht mehr auf den ersten Blick überschau- und übersetzbar.
Aber keine Angst: Mit gezielter **Abfragetechnik** (W-Fragen) lässt sich jeder Satz „knacken“.
Betrachte unser Beispiel:

Populus circum clamore complet.

Suche und übersetze immer erst das Prädikat (hier: complet *er, sie, es erfüllt*).
Frage dann nach den einzelnen Satzgliedern bzw. Kasus. Beantworte deine Frage zuerst lateinisch, indem du ein Wort oder mehrere Wörter mit der entsprechenden Kasusendung suchst; übersetze dann.

Wer oder was erfüllt**?**	Subjekt: Nominativ	-a, -ae; -us, -ī; -um, -a; --, -ēs	*populus*	*Das Volk erfüllt.*
Wen oder was erfüllt das Volk**?**	Objekt: Akkusativ	-am, -ās; -um, -ōs; -um, -a; -em, -ēs	*circum*	*Das Volk erfüllt den Zirkus.*
Womit erfüllt das Volk den Zirkus**?**	Adverbiale: Ablativ des Mittels	-ā, -īs; -ō, -īs; -ō, -īs; -e, -ibus	*clamore*	*Das Volk erfüllt den Zirkus mit Geschrei.*

M 2 Texte erschließen: Wort- und Sachfelder beachten

Um – ggf. vor der Übersetzung – einen Text zu erschließen, solltest du auch überprüfen, welche Wort- bzw. Sachfelder dieser enthält.

Ein **Wortfeld** wird gebildet von sinnverwandten Wörtern derselben Wortart.
Beispiel: Wortfeld „gehen, laufen“: currere, properare, contendere, intrare, accedere.

Ein **Sachfeld** wird gebildet von sinnverwandten Wörtern verschiedener Wortarten.
Beispiel: Sachfeld „Handel“: basilica, forum, mercator, vendere, pecunia.

Die zu einem Wort- oder Sachfeld gehörenden Wörter können unterschiedliche Bedeutungen haben (z.B. colere). Sie werden dadurch auf eine bestimmte Bedeutung festgelegt, dass sie zusammen mit anderen Wörtern eines bestimmten Wort- oder Sachfelds (z.B. Religion) verwendet werden (z.B. deum colere *einen Gott verehren*).

Ein Sachfeld lässt sich gut als Mindmap darstellen:

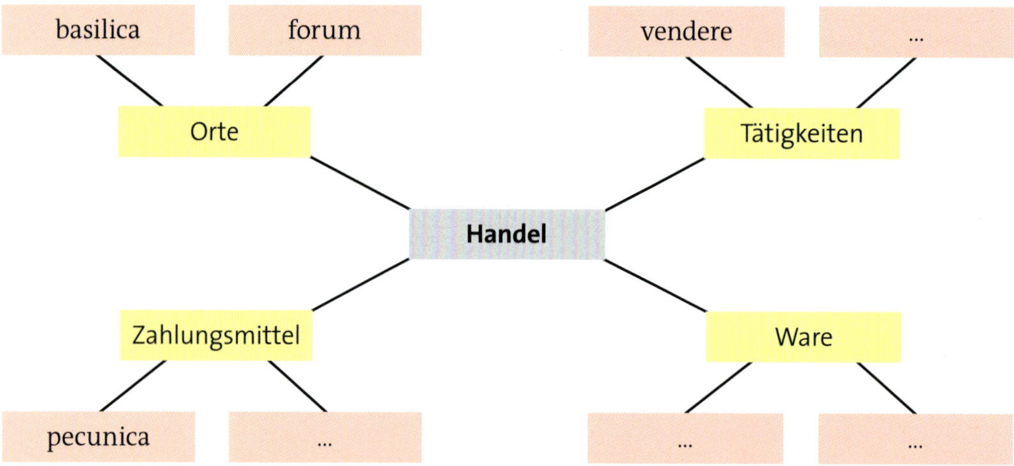

Legt euch auf Plakaten Mindmaps zu diesem und zu anderen Sachfeldern an und ergänzt diese jeweils um neu gelernte Vokabeln.

W

exspectāre	warten, erwarten	**intrāre**	betreten, eintreten
forum	Marktplatz, Forum, Öffentlichkeit	**statim**	auf der Stelle, sofort
etiam	auch, sogar	**vendere**	verkaufen

puer, puerum	Junge, Bub	
mittere, mittō	(los)lassen, schicken, werfen	Messe, Mission, f. mettre
domina	Herrin	
emere, emō	kaufen	
serva	Sklavin	
parāre, parō	bereiten, vorbereiten; vorhaben; erwerben	parat, Apparat, präparieren, reparieren, separat
ōrnāre, ōrnō	schmücken	Ornat, Ornament
mēnsa	Tisch	
labōrāre, labōrō	arbeiten	Laboratorium, Labour-Partei
cēna	Essen, Mahlzeit	
iubēre, iubeō *(m. Akk.)*	anordnen, befehlen	Jussiv
puella	Mädchen	
adesse, adsum	da sein; helfen	
tū *(betont)*	du	f. tu
illūc *Adv.*	dahin, dorthin	
bene *Adv.*	gut	f. bien
līberī, līberōs *m Pl.*	Kinder	
māter, mātrem *f*	Mutter	e. mother
ostendere, ostendō	zeigen, darlegen	ostentativ
placēre, placeō	gefallen	e. pleasure
paulō *Adv.*	(um) ein wenig	
post *Präp. m. Akk.* *Adv.*	hinter, nach; dann, später	
paulō post	kurz darauf	
aedēs, aedēs *f Pl.*	Haus, Gebäude	
portāre, portō	tragen, bringen	exportieren, transportieren

Āfra	Afra (weiblicher Eigenname)
Dāvus	Davus (männlicher Eigenname)
Melissa	Melissa (weiblicher Eigenname)
Ancus	Ancus (männlicher Eigenname)

Wortfamilien erkennen

amic-a	**serv**-a	**nunti**-us	**clam**-or	**spectare**	**esse**
amic-us	**serv**-us	**nunti**-are	**clam**-are	ex-**spectare**	ad-**esse**

F 1 Verben: Imperativ (Befehlsform)

Sg.		Pl.		
properā	beeile dich!	**properā-te**	beeilt euch!	ā-Konjugation
tacē	schweige!	**tacē-te**	schweigt!	ē-Konjugation
accēd-e	komm her!	**accēd-i-te**	kommt her!	kons. Konjug.
es	sei!	**es-te**	seid!	Hilfsverb

F 2 Substantive: Vokativ (5. Fall)

Propera, Atia!
Beeile dich, Atia!

Propera, Aule!
Beeile dich, Aulus!

Propera, mercator!
Beeile dich, Kaufmann!

Im Lateinischen gibt es den **Vokativ**, einen eigenen **Kasus**, um jemanden anzureden.
Die Formen sind im Allgemeinen denen des Nominativs gleich.
Ausnahmen: Bei Substantiven der o-Deklination auf -us hat der Vokativ Singular die Endung -e.
Bei Eigennamen der o-Deklination auf -ius endet der Vokativ auf -i (z. B. Luci).
In den Deklinationstabellen wird der Vokativ nicht eigens angeführt.

F 3 Substantive der o-Deklination auf -er

	Sg.		Pl.	
Nom.	**puer**	der Junge	**puer-ī**	die Jungen
Akk.	**puer-um**	den Jungen	**puer-ōs**	die Jungen

Die Deklinationsformen der Substantive auf -er sind außer im Nom./Vok. Sg. denen der Substantive auf -us gleich. Ihr Geschlecht ist maskulin.

Präpositionen

in tabernam

in tabernā

e tabernā

Übersicht: Verben (Konjugation)

Nun kennst du bereits alle Verbendungen für das Präsens. Zur besseren Übersicht sind hier noch einmal alle Formen an Beispielen zusammengestellt:

Infinitiv	**vocā-re**	(zu) rufen	ā-Konjugation		
Infinitiv	**vidē-re**	(zu) sehen	ē-Konjugation		
Infinitiv	**mitt-ĕ-re**	(zu) schicken	konsonantische Konjugation		
Infinitiv	**es-se**	(zu) sein			
	Sg.		Pl.		
1. Pers.	**voc-ō**	ich rufe	**vocā-mus**	wir rufen	ā-Konjugation
1. Pers.	**vide-ō**	ich sehe	**vidē-mus**	wir sehen	ē-Konjugation
1. Pers.	**mitt-ō**	ich schicke	**mitt-i-mus**	wir schicken	kons. Konjug.
1. Pers.	**su-m**	ich bin	**su-mus**	wir sind	Hilfsverb
	Sg.		Pl.		
2. Pers.	**vocā-s**	du rufst	**vocā-tis**	ihr ruft	ā-Konjugation
2. Pers.	**vidē-s**	du siehst	**vidē-tis**	ihr seht	ē-Konjugation
2. Pers.	**mitt-i-s**	du schickst	**mitt-i-tis**	ihr schickt	kons. Konjug.
2. Pers.	**es**	du bist	**es-tis**	ihr seid	Hilfsverb
	Sg.		Pl.		
3. Pers.	**voca-t**	er (sie, es) ruft	**voca-nt**	sie rufen	ā-Konjugation
3. Pers.	**vide-t**	er (sie, es) sieht	**vide-nt**	sie sehen	ē-Konjugation
3. Pers.	**mitt-i-t**	er (sie, es) schickt	**mitt-u-nt**	sie schicken	kons. Konjug.
3. Pers.	**es-t**	er (sie, es) ist	**s-u-nt**	sie sind	Hilfsverb
	Sg.		Pl.		
Imp.	**vocā**	rufe!	**vocā-te**	ruft!	ā-Konjugation
Imp.	**vidē**	sieh!	**vidē-te**	seht!	ē-Konjugation
Imp.	**mitt-e**	schicke!	**mitt-i-te**	schickt!	kons. Konjug.
Imp.	**es**	sei!	**es-te**	seid!	Hilfsverb

Jetzt wollen wir diese Formen anders anordnen, und zwar alle zu einer Konjugationsklasse gehörigen zusammenstellen. Dann sieht unsere Übersicht so aus:

ā-Konjugation

Infinitiv	**vocā-re**	rufen		
	Sg.		Pl.	
1. Pers.	**voc-ō**	ich rufe	**vocā-mus**	wir rufen
2. Pers.	**vocā-s**	du rufst	**vocā-tis**	ihr ruft
3. Pers.	**voca-t**	er (sie, es) ruft	**voca-nt**	sie rufen
Imperativ	**vocā**	rufe!	**vocā-te**	ruft!

Übersicht: Verben (Konjugation)

ē-Konjugation

Infinitiv	**vidē-re**	sehen

	Sg.		Pl.	
1. Pers.	**vide-ō**	ich sehe	**vidē-mus**	wir sehen
2. Pers.	**vidē-s**	du siehst	**vidē-tis**	ihr seht
3. Pers.	**vide-t**	er (sie, es) sieht	**vide-nt**	sie sehen

Imperativ	**vidē**	sieh!	**vidē-te**	seht!

konsonantische Konjugation

Infinitiv	**mitt-ĕ-re**	schicken

	Sg.		Pl.	
1. Pers.	**mitt-ō**	ich schicke	**mitt-i-mus**	wir schicken
2. Pers.	**mitt-i-s**	du schickst	**mitt-i-tis**	ihr schickt
3. Pers.	**mitt-i-t**	er (sie, es) schickt	**mitt-u-nt**	sie schicken

Imperativ	**mitt-e**	schicke!	**mitt-i-te**	schickt!

Hilfsverb

Infinitiv	**es-se**	sein

	Sg.		Pl.	
1. Pers.	**s-u-m**	ich bin	**s-u-mus**	wir sind
2. Pers.	**es**	du bist	**es-tis**	ihr seid
3. Pers.	**es-t**	er (sie, es) ist	**s-u-nt**	sie sind

Imperativ	**es**	sei!	**es-te**	seid!

Sprachen vergleichen

Vergleiche die Formen von *f. être* mit denen von esse:

	Sg.	Pl.
1. Pers.	je suis	nous sommes
2. Pers.	tu es	vous êtes
3. Pers.	il est	ils sont

W

portāre	tragen, bringen	**cum**	mit, zusammen mit
spectāre	betrachten, hinsehen	**sūmere**	nehmen
iubēre	anordnen, befehlen	**relinquere**	unbeachtet lassen, verlassen, zurücklassen
ostendere	zeigen, darlegen		
emere	kaufen		

velle, volō	wollen	Volontär
circiter *Adv.*	ungefähr	
vīgintī *indekl.*	zwanzig	f. vingt
vestis, vestis *f (Gen. Pl.* **vestium***)*	Kleid, Kleidung	Weste
sacrum	Opfer, Heiligtum	Sakrament
convīvium	Gastmahl, Gelage	
prīmō *Adv.*	zuerst	
toga	Toga (Kleidungsstück des römischen Mannes)	
tunica	Tunika (Unterkleid unter der Toga)	
verbum	Wort, Äußerung	Verbum, verbal
dīcere, dīcō	sagen, sprechen	dichten, diktieren
cōpia	Menge, Vorrat, Möglichkeit	Kopie, kopieren, e. copy
cōnsilium	Beratung, Beschluss, Plan, Rat	e. to counsel
admittere, admittō	hinzuziehen, zulassen	e. to admit
fīlius	Sohn	f. fils
attingere, attingō	berühren	e. to attain
probāre, probō	beweisen, für gut befinden	probieren
nōn-ne *(im dir. Fragesatz)*	(etwa) nicht?	
togam sūmere	die Toga anlegen	
auxilium	Hilfe	
gerere, gerō	ausführen, führen, tragen	Geste, gestikulieren
fīlia	Tochter	Filiale, f. fille
-que	und	
oculus	Auge	Okular, e. eye
convertere, convertō *(***in** *m. Akk.)*	verändern, (um)wenden, richten (auf)	konvertieren, e. to convert
compōnere, compōnō	vergleichen	komponieren, Komponente
remanēre, remaneō	(zurück)bleiben	e. to remain
pater, patris *m*	Vater	Pater, Patrizier, e. father, f. père
aedēs, **aedium** *f Pl.*	Haus, Gebäude	
nōlle, nōlō	nicht wollen	„nolens volens“

F 1 Substantive: Genitiv (2. Fall)

	Sg.		Pl.		
Gen.	**turb-ae**	der / einer Menschenmenge	**turb-ārum**	der Menschenmengen	a-Deklination
Gen.	**serv-ī**	des / eines Sklaven	**serv-ōrum**	der Sklaven	o-Deklination *m*
Gen.	**for-ī**	des / eines Marktplatzes	**for-ōrum**	der Marktplätze	o-Deklination *n*
Gen.	**senātōr-is**	des / eines Senators	**senātōr-um**	der Senatoren	3. Deklination

Künftig ist bei Substantiven der 3. Deklination (Mischdeklination) immer der Genitiv Singular angegeben, der mitgelernt werden muss; durch Abstreichen der Endung -is erhält man den Wortstamm.
Der Genitiv Plural endet meist auf -um, selten auf -ium; der Gen. Pl. -ium wird im Wortschatz angegeben.

Bei Eigennamen der o-Deklination auf -ius endet der Genitiv Singular oft auf -ī;
z.B.: amicus Publi (= Publii) ein Freund des Publius

Nun kennst du bis auf den Dativ (3. Fall) alle Kasus, die es im Lateinischen gibt. Du musst aber genau aufpassen, um die Endungen richtig zu erfassen, da gleiche Endungen unterschiedliche Bedeutung haben können.
So bezeichnen: **-ae** (turbae) und **-i** (servi) den Gen. Sg. oder den Nom. Pl.,
-is (senatoris, servis) den Gen. Sg. oder den Abl. Pl.
Überlege also immer, zu welcher Deklinationsklasse ein Wort gehört, und berücksichtige den Kontext.

F 2 Verben: velle, nolle

a) velle wollen

	Präsens Sg.	Pl.
1. Pers.	**volō**	**volumus**
2. Pers.	**vīs**	**vultis**
3. Pers.	**vult**	**volunt**

b) nōlle nicht wollen

	Präsens Sg.	Pl.
1. Pers.	**nōlō**	**nōlumus**
2. Pers.	**nōn vīs**	**nōn vultis**
3. Pers.	**nōn vult**	**nōlunt**

(nolo aus ne-volo)

S Genitiv als Attribut: Genitiv der Zugehörigkeit

Melissa vestes amici ostendit.
Melissa zeigt die Kleider des Freundes.

Als Attribut bezeichnet der Genitiv wie im Deutschen und Englischen die Zugehörigkeit einer Person oder Sache zu einer anderen. Das Attribut kann als Satzgliedteil zum Subjekt, Objekt oder Adverbiale treten.
Nach dem **Genitivattribut** fragen wir „wessen?“.

Subjekt — Prädikat
Melissa — ostendit

Objekt
vestes

Attribut
amici

M Wörter wiederholen: Gelerntes behalten

Dass man gelernten Stoff schnell wieder vergisst, wenn man nicht wiederholt, zeigt die folgende Kurve:

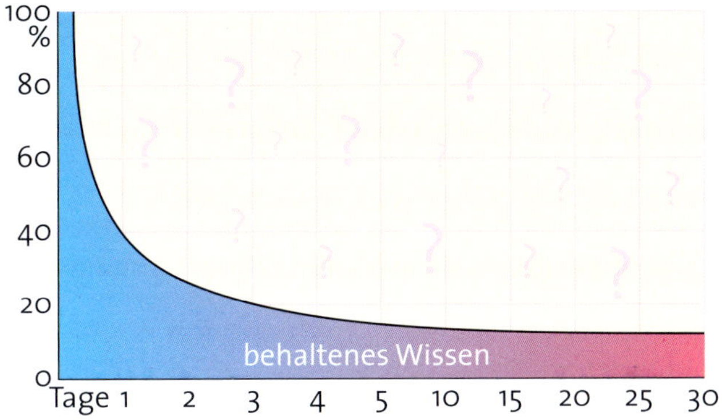

Vor allem Wörter muss man gezielt wiederholen. Beachte dabei Folgendes:

a) Erst wenn du ein Wort auch nach der fünften Wiederholung noch beherrschst, kannst du dir sicher sein, dass es im Gedächtnis dauerhaft verankert ist. Sinnvoll sind deshalb **fünf Wiederholungen** in immer größeren Zeitabständen:

Beispiel:	1. WH	am Abend des ersten Lernens
	2. WH	am nächsten Tag
	3. WH	nach weiteren zwei Tagen
	4. WH	am Wochenende
	5. WH	vor der Schulaufgabe

b) Alle Wörter, die du bei einer der fünf Wiederholungen nicht kannst, musst du **aussortieren**:
Du kannst diese aus dem Kapitelwortschatz herausschreiben, im Vokabelheft markieren oder die Vokabelkarte aussortieren. Sie werden wieder neu gelernt und müssen noch einmal fünf Wiederholungen „überstehen".

Nach diesem Prinzip funktioniert die Arbeit mit einer **Vokabelkartei**. Sie hat fünf Fächer, die von allen Vokabelkarten nacheinander durchlaufen werden müssen. In Fach 1 befinden sich demnach Vokabeln, die noch nie gewusst wurden, in Fach 2 solche, die einmal gekonnt wurden usw.
Eine Übungseinheit funktioniert nach folgendem Schema:

Schritt 1: Die Vokabeln, die sich in Fach 1 befinden, werden herausgelegt; sie werden in Schritt 5 wiederholt.
Beginne dann die Wiederholung, indem du dich die Vokabeln aus Fach 4 abfragst.

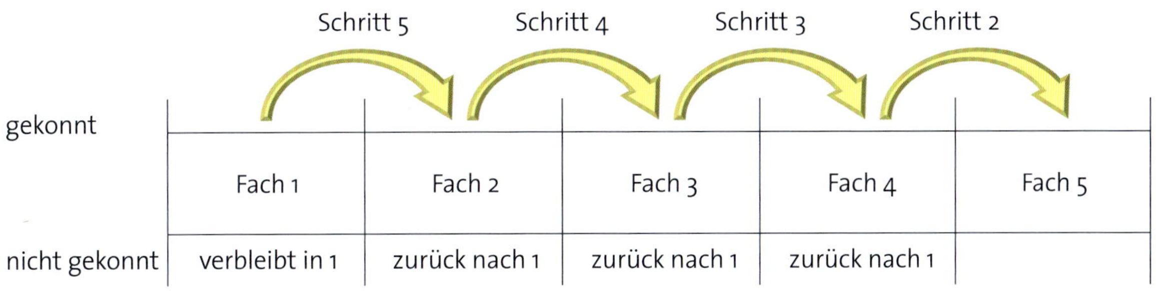

Nimm dir also **jeden Tag** zusätzlich zu dem, was du von deiner Lehrerin oder deinem Lehrer als Hausaufgabe gestellt bekommen hast, etwa 15 Minuten Zeit, um „alte" Vokabeln „aufzufrischen".

W

currere	eilen, laufen	**intrāre**	betreten, eintreten
cōnsistere	haltmachen, sich aufstellen	**dīcere**	sagen, sprechen
quod	dass, weil	**dēnique**	schließlich, zuletzt
petere	(auf)suchen, (er)streben, bitten, verlangen	**dēbēre**	müssen, sollen; schulden

venīre, veniō	kommen	f. venir
lībertus	Freigelassener	
negōtium	Aufgabe, Geschäft, Angelegenheit	
agere, agō	handeln, treiben, verhandeln	Akte, Aktie, aktiv, re-agieren
vōx, vōcis *f*	Äußerung, Laut, Stimme	e. voice, f. voix
audīre, audiō	hören	Audienz, Auditorium, „Audi"
patrōnus	Patron, (Schutz-)Herr	
via	Straße, Weg	Viadukt
mōns, montis *m (Gen. Pl.* **-ium***)*	Berg	Mount Everest, e. mount(ain)
pervenīre, perveniō ad / in *m. Akk.*	kommen zu / nach	
dūcere, dūcō	führen, ziehen	Aquä-dukt
propinquus	Verwandter	
gēns, gentis *f (Gen. Pl.* **-ium***)*	Familienverband, Stamm, Volk	f. gens
parēns, parentis *m/f*	Vater, Mutter	
parentēs, parentum *m Pl.*	Eltern	e./f. parents
soror, sorōris *f*	Schwester	
āra	Altar	
gaudium	Freude	Gaudi
dea	Göttin	
salūs, salūtis *f*	Gesundheit, Glück, Rettung, Gruß	Salut, e. salute
pāx, pācis *f*	Friede	Pazifist, e. peace, f. paix
ōrāre, ōrō *(m. dopp. Akk.)*	bitten (jdn. um etw.), beten	Oratorium
agmen, agminis *n*	(Heeres-)Zug	
domum *Adv.*	nach Hause	

Decimus	Decimus (männlicher Eigenname)
mōns Ēsquilīnus *m*	der Esquilin (einer der sieben Hügel Roms)
gēns Aquīlia *f*	die (adlige) Familie der Aquilier
Larēs, Larum *m Pl.*	die Laren (Gottheiten, die Haus und Familie beschützten)
Capitōlium	das Kapitol (einer der sieben Hügel Roms)
Iuppiter, Iovis *m*	Jupiter (höchster Gott der Römer)
Iūnō, Iūnōnis *f*	Juno (Gemahlin Jupiters)
Aquīliī, Aquīliōrum *m Pl.*	die (Mitglieder der Familie der) Aquilier

F 1 Verben: ī-Konjugation

Infinitiv	**audī-re**	hören

Präsens	Sg.		Pl.	
1. Pers.	**audi-ō**	ich höre	**audī-mus**	wir hören
2. Pers.	**audī-s**	du hörst	**audī-tis**	ihr hört
3. Pers.	**audi-t**	er (sie, es) hört	**audi-u-nt**	sie hören

In der 3. Pers. Pl. wird der Bindevokal -u- eingefügt.

Imperativ	**audī**	höre!	**audī-te**	hört!

F 2 Substantive der 3. Deklination: Neutra

Beispiel:
agmen, inis (Heeres-)Zug

Auch in der 3. Deklination haben die Neutra im Nominativ und Akkusativ die gleiche Endung.

	Sg.	Pl.
Nom.	**agmen**	**agmin-a**
Gen.	**agmin-is**	**agmin-um**
Akk.	**agmen**	**agmin-a**
Abl.	**agmin-e**	**agmin-ibus**

F 3 Substantive der 3. Deklination: Wortstamm

Die 3. Deklination ist eine Mischdeklination: Bei vielen Substantiven ist der Wortstamm nicht im Nom. Sg. erkennbar. Man muss daher den Genitiv mitlernen. Durch Wegstreichen der Endung (-is) erhält man den Wortstamm. Beispiele:

Nom.	Gen.	Wortstamm
vox	voc-is	voc-
salus	salut-is	salut-
mater	matr-is	matr-
senex	sen-is	sen-
agmen	agmin-is	agmin-

Wortbedeutung erschließen

forum petere	das Forum aufsuchen, zum Forum eilen	bene agere	gut handeln, (etwas) gut erledigen
pecuniam petere	Geld verlangen	negotia agere	Geschäfte (be)treiben, Geschäfte machen
auxilium petere	um Hilfe bitten	de pace agere	über Frieden verhandeln

M 1 Texte erschließen: Methoden unterscheiden

Die folgenden Methoden lassen sich gut zur Erschließung von Texten verwenden:

a) Erschließung über **Schlüsselwörter**

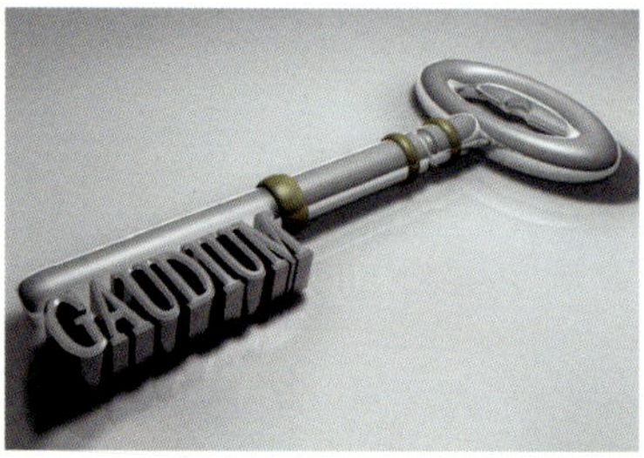

Schon beim ersten Durchlesen eines Textes kann man die Thematik häufig an sog. Schlüsselwörtern ablesen. Wichtige Begriffe kommen entweder in wörtlicher Wiederholung oder in Umschreibungen immer wieder vor.

b) Erschließung über **Wort- und Sachfelder** (vgl. 5 **M 2**)

c) Erschließung über **Personen**

Oft lassen sich aus der Abfolge im Sprechen und Handeln der Personen Schlüsse ziehen. Stelle also die Informationen zusammen, die du zu den einzelnen Personen erhältst. Beachte, dass statt des Namens der Personen oft auch Pronomina vorkommen und dass die Person manchmal im Prädikat „steckt".

d) Erschließung über **Konnektoren**

Durch Konnektoren (Satzverbindungen) wird der gedankliche Zusammenhang des Textes hergestellt, der für das Erfassen oft genauso bedeutend ist wie die einzelnen Informationen.
Solche Konnektoren, zu denen auch die Konjunktionen und Subjunktionen gehören, können z. B.

- gleichartige Gedanken verbinden, z. B. et,
- die Handlung zeitlich gliedern, z. B. primo, tum, iam, nunc, denique,
- eine Begründung anführen, z. B. nam,
- einen Gegensatz einleiten, z. B. sed, autem.

e) Erschließung über **Satzarten**

Auch die im Text auftretenden Satzarten geben Aufschluss über seine Aussage und über die Textsorte. Werden z. B. viele Aussagesätze aneinandergereiht, so handelt es sich oft um eine sachliche ***Beschreibung*** oder einen ***Bericht***. Bei den Verben kommen dann hauptsächlich Formen in der 3. Person vor, bei den Substantiven z. B. kein Vokativ. In einem ***Dialog*** wechseln dagegen Themen und Gedanken schneller und es finden sich immer wieder Ausrufe und Fragen. Der Leser muss deshalb mit einem häufigen Wechsel der Verbformen in allen Personen (auch Imperativen), mit Personalpronomina der 1. und 2. Person und Vokativen rechnen. ***Erzählende Texte*** zeichnen sich u. a. durch wörtliche Reden mit Ausrufe- und Fragesätzen aus. Auch an besonders spannenden Stellen lassen sich häufig Ausrufesätze finden. Oft treten zeitlich gliedernde Konnektoren (s. o.) auf.

M 2 Lernen planen: Prüfungen vorbereiten

Der Stoff, der in einer Prüfungsarbeit geprüft wird, erstreckt sich über mehrere Lektionen.
Für spätere Prüfungen muss zusätzlich das Grundwissen „aufgefrischt" werden:

1. Wiederhole alle **Vokabeln**. Sortiere dabei die Wörter aus, die du nicht kannst, und übe sie so lange, bis du sie sicher beherrschst.
2. Wiederhole die aktuelle **Grammatik**. Arbeite dich dabei am besten von hinten nach vorne durch, da der letzte Stoff noch am meisten Übung braucht.
3. Bearbeite alle **Übersetzungen** und **Übungen**, die verbessert im Heft stehen, noch einmal, am besten schriftlich (von hinten nach vorne). Vergleiche deine Lösung sorgfältig mit der richtigen Lösung im Heft und versuche die Art des Fehlers, den du gemacht hast, zu erkennen.

Da in deinem Kopf ein heilloses Durcheinander herrschen würde, wenn du alles auf einmal wiederholen würdest, solltest du etwa eine Woche vor dem Termin der Arbeit mit einer gezielten Vorbereitung beginnen:
Erstelle dir dazu einen **Zeitplan**. Plane für jeden Tag ein bestimmtes Pensum aus 1., 2. und 3. ein.
Für den Tag vor einer Prüfung solltest du dir nichts Neues mehr vornehmen.

Beispiel:

	1. **Wortschatz**	2. **Grammatik**	3. **Übersetzung und Übung**
1. Tag	8**W**, 7**W**	i-Konjugation 3. Dekl. (Neutra, Wortstamm) velle, nolle	8**T**, 8**Z**
2. Tag	6**W**, 5**W**	Genitiv Übersicht: a- / e- / kons. Konjugation Hilfsverb	7**T**, 7**Z**, 6**T**, 6**Z**
3. Tag	4**W**, 3**W**	Imperativ, Vokativ o-Dekl. (-er) Abl. des Grundes	5**T**, 5**Z**, 4**T**, 4**Z**
4. Tag	2**W**, 1**W**	Ablativ (Formen), Abl. des Mittels Präpositionen Akkusativ	3**T**, 3**Z**, 2**T**, 2**Z**
5. Tag	8**W**, 7**W**	Subjekt im Prädikat Substantiv als Prädikatsnomen	1**T**, 2**T**, 3**T**
6. Tag	6**W**, 5**W**, 4**W**	Nominativ (a- / o-Dekl.) Subjekt und Prädikat Übersicht: a- / e- / kons. Konjugation Hilfsverb	4**T**, 5**T**, 6**T**
7. Tag	3**W**, 2**W**, 1**W**	–	7**T**, 8**T**

W

ibī	dort	**cēna**	Essen, Mahlzeit
mulier	Frau	**agere**	handeln, treiben, verhandeln
dare	geben	**itaque**	deshalb
placēre	gefallen	**ōrāre**	bitten, beten

convenīre, conveniō	besuchen, zusammenkommen, zusammenpassen	Konvention, Konvent, konventionell
hospes, hospitis *m*	Fremder, Gast, Gastgeber	Hospital, Hospiz, Hotel
dominus	Herr	dominant, Dominanz
cōnsīdere, cōnsīdō	sich setzen, sich niederlassen	
pārēre, pāreō	gehorchen, sich richten nach	parieren
aqua	Wasser	Aquarium, Aquädukt
posteā *Adv.*	nachher, später	
cibus	Nahrung, Speise	
praebēre, praebeō	geben, hinhalten	
bibere, bibō	trinken	f. boire
ōrātiō, ōrātiōnis *f*	Rede	
habēre, habeō	haben, halten	Habit, e. to have
vōbīs *Dat.*	euch	f. vous
grātia	Ansehen, Beliebtheit, Dank, Gefälligkeit	Grazie, graziös, e. grace, f. grâce
grātiās agere	danken	
interesse, intersum *m. Dat.*	dazwischen sein, teilnehmen an	Interesse, sich interessieren
mōs, mōris *m*	Sitte, Brauch; *Pl.* Charakter	Moral, moralisch
māiōrēs, māiōrum *m Pl.*	Vorfahren	
mūnus, mūneris *n*	Aufgabe; Geschenk	
sīcut *Adv.*	(so) wie	
atque	und	
indūcere, indūcō	(hin)einführen, verleiten	Induktion
quoque *(nachgestellt)*	auch	
circumvenīre, circumveniō	umringen, umzingeln	
narrāre, narrō (**dē** *m. Abl.*)	erzählen (von / über)	narrativ
iter, itineris *n*	Reise, Weg, Marsch	

Graecia	Griechenland
Diodōrus	Diodor (männlicher Eigenname)
Philippus	Philipp (männlicher Eigenname)

F Substantive: Dativ (3. Fall)

	Sg.		Pl.		
Dat.	**turb-ae**	der / einer Menschen-menge	**turb-īs**	(den) Menschen-mengen	a-Deklination
Dat.	**serv-ō**	dem / einem Sklaven	**serv-īs**	(den) Sklaven	o-Deklination *m*
Dat.	**for-ō**	dem / einem Marktplatz	**for-īs**	(den) Marktplätzen	o-Deklination *n*
Dat.	**senātōr-ī**	dem / einem Senator	**senātōr-ibus**	(den) Senatoren	3. Deklination

Vollständige Tabellen zur Deklination der Substantive befinden sich im Tabellarium, S. 160, und auf S. 36 f.

S 1 Dativ als Objekt

a) Amicus matri adest.
Der Freund hilft seiner Mutter.

Wie im Deutschen bezeichnet der Dativ als Objekt die Person (oder Sache), der eine Handlung gilt. Nach dem Dativobjekt fragen wir „wem?".

b) Servus mercatori vinum portat.
Der Sklave bringt dem Kaufmann Wein.

Der Dativ ergänzt als Objekt auch Verben, die schon ein Akkusativobjekt bei sich haben.
Welche und wie viele Objekte stehen können oder müssen, wird durch das Prädikat festgelegt.

S 2 Dativ als Prädikatsnomen: Dativ des Besitzers

Mercatori taberna est.
(Dem Kaufmann ist ein Laden zu Eigen.)
Der Kaufmann hat (besitzt) einen Laden.

In Verbindung mit einer 3. Person von esse bezeichnet der Dativ einer Person (z. B. Eigenname, Berufsbezeichnung) ein Besitzverhältnis. Da er zusammen mit der Form von esse das Prädikat bildet, ist der Dativ des Besitzers als Prädikatsnomen aufzufassen.

Sprachenvergleich nutzen

Über **Latein** lernst du auch viele **französische Vokabeln:**

convenire	– *f. convenir*	pax	– *f. paix*
narrare	– *f. narrer*	salus	– *f. salut*
venire	– *f. venir*	mons	– *f. mont*

Viele **lateinische Vokabeln** findet man – oft kaum verändert – auch **im Englischen:**

exspectare	– *e. to expect*	convertere	– *e. to convert*
contendere	– *e. to contend*	admittere	– *e. to admit*
laudare	– *e. to laud*	complere	– *e. to complete*
defendere	– *e. to defend*	inducere	– *e. to induce*

Übersicht: Substantive (Deklination)

Da du nun alle Kasus kennst, bekommst du auch für die Substantivendungen eine zusammenfassende Übersicht:

Nominativ (1. Fall)

	Sg.		Pl.		
Nom.	**domin-a**	die / eine Herrin	**domin-ae**	(die) Herrinnen	a-Deklination
Nom.	**domin-us**	der / ein Herr	**domin-ī**	(die) Herren	o-Deklination *m*
Nom.	**templ-um**	der / ein Tempel	**templ-a**	(die) Tempel	o-Deklination *n*
Nom.	**senātor**	der / ein Senator	**senātōr-ēs**	(die) Senatoren	3. Deklination

Genitiv (2. Fall)

	Sg.		Pl.		
Gen.	**domin-ae**	der / einer Herrin	**domin-ārum**	der Herrinnen	a-Deklination
Gen.	**domin-ī**	des / eines Herren	**domin-ōrum**	der Herren	o-Deklination *m*
Gen.	**templ-ī**	des / eines Tempels	**templ-ōrum**	der Tempel	o-Deklination *n*
Gen.	**senātōr-is**	des / eines Senators	**senātōr-um**	der Senatoren	3. Deklination

Dativ (3. Fall)

	Sg.		Pl.		
Dat.	**domin-ae**	der / einer Herrin	**domin-īs**	den Herrinnen	a-Deklination
Dat.	**domin-ō**	dem / einem Herren	**domin-īs**	den Herren	o-Deklination *m*
Dat.	**templ-ō**	dem / einem Tempel	**templ-īs**	den Tempeln	o-Deklination *n*
Dat.	**senātōr-ī**	dem / einem Senator	**senātōr-ibus**	den Senatoren	3. Deklination

Akkusativ (4. Fall)

	Sg.		Pl.		
Akk.	**domin-am**	die / eine Herrin	**domin-ās**	(die) Herrinnen	a-Deklination
Akk.	**domin-um**	den / einen Herren	**domin-ōs**	(die) Herren	o-Deklination *m*
Akk.	**templ-um**	den / einen Tempel	**templ-a**	(die) Tempel	o-Deklination *n*
Akk.	**senātōr-em**	den / einen Senator	**senātōr-ēs**	(die) Senatoren	3. Deklination

Ablativ (6. Fall)

		Sg.	Pl.	
Abl.	**(cum)**	**domin-ā**	**domin-īs**	a-Deklination
Abl.	**(cum)**	**domin-ō**	**domin-īs**	o-Deklination *m*
Abl.	**(in)**	**templ-ō**	**templ-īs**	o-Deklination *n*
Abl.	**(cum)**	**senātōr-e**	**senātōr-ibus**	3. Deklination

Übersicht: Substantive (Deklination)

Und nun machen wir es ähnlich wie bei den Verben: Wir ordnen die Formen nach den Deklinationsklassen:

a-Deklination (1. Deklination)

Beispiel:
domina, -ae *f* die Herrin

Fast alle Substantive der a-Deklination sind Feminina.

	Sg.	Pl.
Nom.	**domin-a**	**domin-ae**
Gen.	**domin-ae**	**domin-ārum**
Dat.	**domin-ae**	**domin-īs**
Akk.	**domin-am**	**domin-ās**
Abl.	**domin-ā**	**domin-īs**

o-Deklination (2. Deklination)

Beispiel:
dominus, -ī *m* der Herr

Fast alle Substantive der o-Deklination auf -us sind Maskulina.

	Sg.	Pl.
Nom.	**domin-us**	**domin-ī**
Gen.	**domin-ī**	**domin-ōrum**
Dat.	**domin-ō**	**domin-īs**
Akk.	**domin-um**	**domin-ōs**
Vok.	**domin-e**	**domin-ī**
Abl.	**domin-ō**	**domin-īs**

Beispiel:
templum, -ī *n* der Tempel

Die Substantive der o-Deklination auf -um sind Neutra. Sie haben im Nom. und Akk. gleiche Endungen.

	Sg.	Pl.
Nom.	**templ-um**	**templ-a**
Gen.	**templ-ī**	**templ-ōrum**
Dat.	**templ-ō**	**templ-īs**
Akk.	**templ-um**	**templ-a**
Abl.	**templ-ō**	**templ-īs**

3. Deklination (Mischdeklination)

Beispiel:
senātor, -ōris *m* der Senator

Die meisten Substantive der 3. Deklination bilden die Kasusformen wie senator.

	Sg.	Pl.
Nom.	**senātor**	**senātōr-ēs**
Gen.	**senātōr-is**	**senātōr-um**
Dat.	**senātōr-ī**	**senātōr-ibus**
Akk.	**senātōr-em**	**senātōr-ēs**
Abl.	**senātōr-e**	**senātōr-ibus**

W

petere	(auf)suchen, (er)streben, bitten, verlangen	**rīdēre**	lachen, auslachen
emere	kaufen	**cūria**	Kurie, Rathaus
contendere	eilen; sich anstrengen	**ōrātiō**	Rede
ostendere	zeigen, darlegen	**colere**	bewirtschaften, pflegen; verehren

cupere, cupiō	verlangen, wünschen, wollen	
multitūdō, multitūdinis *f*	große Zahl, Menge	e. multitude
homō, hominis *m*	Mensch	Homo sapiens, f. homme
aspicere, aspiciō	erblicken	Aspekt, e. aspect
scīre, sciō	kennen, wissen, verstehen	e./f. science
liber, librī	Buch	Libretto
poēta *m*	Dichter	Poet, Poesie, e. poet, f. poête
comes, comitis *m/f*	Gefährte, Begleiter(in)	e. count, f. comte
-ne *(angehängt)*	*(unübersetzte Fragepartikel)*	
sinistra	linke Hand	
capere, capiō	fassen; nehmen, erobern	kapern, „kapieren"
corripere, corripiō	ergreifen, gewaltsam an sich reißen	
carmen, carminis *n*	Lied, Gedicht	Carmen, e. charm
legere, legō	lesen, auswählen	Lektüre, Lektor, Lektion
īnstituere, īnstituō	beginnen, einrichten, unterrichten	Institution, Institut
an	oder *(in der Frage)*	
ut	wie	
putāre, putō	glauben, meinen	Com-puter, Dis-put
placet *m. Dat.*	es gefällt jdm., jd. beschließt	„Plazet"
eō *Adv.*	dorthin	
facere, faciō	machen, tun, handeln	Fazit, Faktor
urbs, urbis *f (Gen. Pl.* **-ium***)*	Stadt, Hauptstadt	Urbanisierung
provincia	Provinz	Provence, provinziell
bellum	Krieg	Duell
deinde *Adv.*	dann, darauf	
servāre, servō	bewahren, retten	Kon-serve
imperātor, imperātōris *m*	Befehlshaber, Feldherr, Kaiser	e. emperor, f. empereur

Athēnodōrus	Athenodorus (männlicher Eigenname)
Rōmānus	Römer
Ovidius	Ovid (römischer Dichter)
deī Capitōlīnī *m Pl.*	die kapitolinischen Götter (Jupiter, Juno, Minerva)
Minerva	Minerva (Schutzgöttin Roms)

F 1 Verben: konsonantische Konjugation (ĭ-Erweiterung)

Infinitiv	capĕ-re	nehmen

Präsens	Sg.		Pl.	
1. Pers.	capi-ō	ich nehme	capi-mus	wir nehmen
2. Pers.	capi-s	du nimmst	capi-tis	ihr nehmt
3. Pers.	capi-t	er (sie, es) nimmt	capi-u-nt	sie nehmen

Bei einer Reihe von Verben, die zur konsonantischen Konjugation gezählt werden, endet der Wortstamm auf ein kurzes -i-. Die Formen gleichen deshalb weitgehend denen der ī-Konjugation (vgl. 8 **F 1**).

Imperativ	cape	nimm!	capi-te	nehmt!

F 2 Substantive der 3. Deklination: Zusammenfassung

a) Bei den verschiedenen Substantiven der 3. Deklination (Mischdeklination) ist im Wortschatz grundsätzlich das Genus angegeben. Nach ihren Endungen fasst man die Substantive in mehrere Gruppen zusammen, deren grammatisches Geschlecht bestimmten Regeln folgt. Häufig kommen vor:

- Substantive auf -or (z. B. mercator, oris): *Maskulina*

- Substantive auf -o (z. B. oratio, onis): *Feminina*
- Substantive auf -s oder -x (z. B. urbs, urbis oder pax, pacis): *Feminina*

- Substantive auf -us (z. B. munus, eris): *Neutra*
- Substantive auf -en (z. B. carmen, inis): *Neutra*

b) Manche Substantive folgen allerdings dem natürlichen Geschlecht, z. B. senex, senis *(m)*, soror, sororis *(f)*. Homo, hominis galt bei den Römern als maskulin.

c) Manche Substantive sind zweigeschlechtlich, z. B. fur, furis (Dieb, Diebin) oder comes, comitis (Gefährte, Gefährtin).

Konjugationsklassen unterscheiden

voc-o ...	voc **a** -t ...	voc **a** -nt	voc **ā** -re	ā -Konjugation
habe-o ...	hab **e** -t ...	hab **e** -nt	hab **ē** -re	ē -Konjugation
audi-o ...	aud **i** -t ...	aud **i** -u-nt	aud **ī** -re	ī -Konjugation
ag-o ...	a **g** -i-t ...	a **g** -u-nt	a **g** -e-re	kons. Konjugation
faci-o ...	fa ci -t	fa ci -u-nt	fa ce -re	(ĭ-Erweiterung)

M1 Übersetzen: Satzglieder abfragen

Wir haben mittlerweile alle Kasus gelernt und unsere lateinischen Sätze werden länger.
Dabei ist das **„Abfragen"** schwierigerer Sätze immer wichtiger geworden, um die richtige deutsche Übersetzung zu erhalten.
Das Schema, das du auf S. 21 (unten) kennengelernt hast, hat sich also erheblich erweitert.
Gehen wir wieder von einem Beispielsatz aus:

Tum Marcus in Capitolio amicis templa deorum ostendit.

Das Prädikat heißt ostendit *er (sie, es) zeigt.*
Jetzt können wir konsequent nach dem folgenden Schema vorgehen:

Wer oder was zeigt**?**	Subjekt: Nominativ	-a, -ae; -us, -ī; -um, -a; --, -ēs	*Marcus*	*Markus zeigt.*
Wen oder was zeigt Markus**?**	Objekt: Akkusativ	-am, -ās; -um, -ōs; -um, -a; -em, -ēs	*templa*	*Markus zeigt die Tempel.*
Wessen Tempel zeigt Markus**?**	Attribut: Genitiv	-ae, -ārum; -ī, -ōrum; -ī, -ōrum; -īs, -um	*deorum*	*Markus zeigt die Tempel der Götter.*
Wem zeigt Markus die Tempel der Götter**?**	Objekt: Dativ	-ae, -īs; -ō, -īs; -ō, -īs; -ī, -ibus	*amicis*	*Markus zeigt die Tempel der Götter den Freunden.*
Womit, wodurch ...? **Worüber, weshalb ...?**	Adverbiale: Ablativ des Mittels Adverbiale: Ablativ des Grundes	-ā, -īs; -ō, -īs; -ō, -īs; -e, -ibus	---	---
Wo zeigt Markus den Freunden die Tempel der Götter**?**	Adverbiale: Präpositional-ausdruck	in *m. Abl.*	*in Capitolio*	*Markus zeigt die Tempel der Götter den Freunden auf dem Kapitol.*
Wohin ...?	Adverbiale: Präpositional-ausdruck	in *m. Akk.*	---	---

Füge zuletzt die unveränderlichen Wörter ein (hier: tum) und stelle – falls nötig – die Satzglieder bzw. Wörter im Deutschen um:

Dann zeigt Markus den Freunden auf dem Kapitol die Tempel der Götter.

Dieses Abfrageschema funktioniert sicher in den meisten Sätzen, die dir begegnen.
Wenn du einmal einzelne Wörter oder Wendungen damit nicht erfassen kannst, solltest du sie zunächst ausklammern; versuche sie dann am Schluss einzubauen.

M 2 Recherchieren: Texten Informationen entnehmen

Wenn du z.B. für ein Referat in Büchern oder im Internet passende Texte gefunden hast, gilt es, ihnen die benötigten Informationen zu entnehmen.

a) Text bearbeiten

Kopiere dir am besten die Texte, damit du sie **aktiv** – d.h. „bewaffnet" mit Bleistift und Textmarker – **lesen** kannst.
Unterstreiche beim ersten Lesen alles, was dir wichtig erscheint. Verwende dazu einen Bleistift; Bleistiftstriche fallen kaum auf und die Übersicht leidet nicht, wenn du etwas Falsches anstreichst. Gliedere anschließend den Text in Sinnabschnitte und markiere in jedem die Schlüsselbegriffe mit Textmarker; je weniger du hier anstreichst, desto genauer hast du erfasst, was wichtig ist.

„Hannibal (247–183 v. Chr.) stammte aus einer vornehmen Familie Karthagos. Mit 26 Jahren wurde er Oberbefehlshaber des karthagischen Heeres und bereitete sogleich einen großen Krieg gegen Rom vor. Mit einem Heer von ungefähr 40 000 Soldaten und 37 Kriegselefanten brach er zu einem Zug über die Pyrenäen und die Alpen nach Italien auf. Als er unter großen Verlusten 218 v. Chr. Italien erreicht hatte, breiteten sich in Rom Angst und Schrecken aus."

b) Informationen ordnen

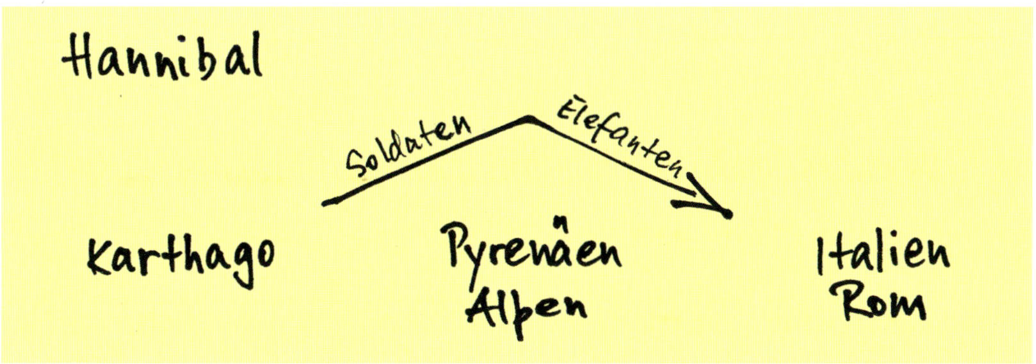

Um die in den Texten markierten Erkenntnisse zu ordnen, kannst du z.B. **Karteikarten** anlegen. Die wichtigsten Merkmale einer guten Karteikarte sind:

- wenige zentrale Begriffe, möglichst mit eigenen Worten
- grafische Verdeutlichung der Beziehungen zwischen den Begriffen

Mit Hilfe einer übersichtlichen Karteikarte kannst du dir die Zusammenhänge leicht einprägen. Wenn du die Ergebnisse deiner Recherche der Klasse vorstellen sollst, benutzt du die Karte als Gedächtnisstütze.

Größere Zusammenhänge lassen sich durch die Anlage einer **Mind-Map** gut strukturieren.
Verwende einen großen Bogen Papier und notiere in der Mitte dein Thema. Zu diesem Thema bildest du dann Oberbegriffe, die als „Äste" davon ausgehen; diese lassen sich dann noch beliebig in „Zweige" aufspalten.

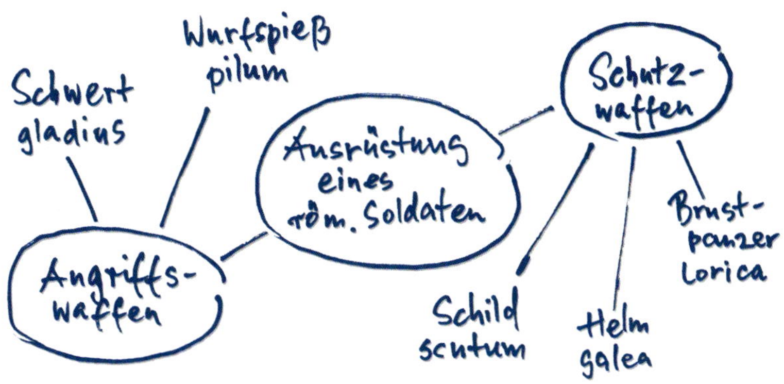

W

dubitāre	zögern	**vīvere**	leben
sacrum	Opfer, Heiligtum	**probāre**	beweisen, für gut befinden
perīculum	Gefahr	**parentēs**	Eltern

esse, sum, **fuī**	sein, sich befinden	
posse, possum, potuī	können	potent
calamitās, calamitātis *f*	Unglück, Niederlage, Schaden	Kalamität, e. calamity
necāre, necō, necāvī	töten	
marītus	Ehemann	f. mari
crēdere, crēdō	anvertrauen, glauben	Credo, Kredit
mihi *Dat.*	mir	
vir, virī	Mann	
sē *Akk.*	sich	f. se
ubi *Subj. m. Ind.*	sobald	
mūnīre, mūniō, mūnīvī	bauen, befestigen, schützen	
mūrus	Mauer	
egō *(betont)*	ich	egoistisch, Egoist, Egoismus
enim *Adv. (nachgestellt)*	nämlich, in der Tat	
hostis, hostis *m (Gen. Pl.* **-ium***)*	Feind (Landesfeind)	
ā / ab *Präp. m. Abl.*	von, von ... her	
prohibēre, prohibeō, prohibuī *(***ā** *m. Abl.)*	abhalten (von), hindern (an)	e. to prohibit, f. prohiber
īra	Zorn	
petere, petō, **petīvī**	(auf)suchen, (er)streben, bitten, verlangen	
(hostēs / urbem) petere	(Feinde / eine Stadt) angreifen	
ō(h)	ach, oh!	
frāter, frātris *m*	Bruder	Frater, e. brother, f. frère
lacrima	Träne	
tenēre, teneō, tenuī	besitzen, festhalten, halten	
frūstrā *Adv.*	vergeblich	frustriert, Frustration
rīpa	Ufer	
alere, alō, aluī	ernähren, großziehen	„Alete“, Eltern
flēre, fleō, flēvī	beklagen, (be)weinen	flennen
nex, necis *f*	Mord, Tod	

complēre, compleō, **complēvī**	anfüllen, erfüllen	
dēpōnere, dēpōnō, **dēposuī**	ablegen, niederlegen, aufgeben	
compōnere, compōnō, **composuī**	vergleichen	
colere, colō, **coluī**	bewirtschaften, pflegen; verehren	
corripere, corripiō, **corripuī**	ergreifen, gewaltsam an sich reißen	
cupere, cupiō, **cupīvī**	verlangen, wünschen, wollen	
velle, volō, **voluī**	wollen	f. vouloir
nōlle, nōlō, **nōluī**	nicht wollen	

Rōma	Rom
Palātium (mōns Palātīnus)	Palatin (einer der Hügel Roms)
Tiberis, Tiberis *m* (*Akk.* Tiberim)	Tiber (Fluss durch Rom)

F 1 Verben: Perfekt (2. Vergangenheit)

	Sg.	Pl.
1. Pers.	**vocā-v-ī**	**vocā-v-imus**
2. Pers.	**vocā-v-istī**	**vocā-v-istis**
3. Pers.	**vocā-v-it**	**vocā-v-ērunt**

Beim **Perfekt** werden in allen Konjugationsklassen die gleichen Endungen an den **Perfektstamm** angefügt.

F 2 Perfektbildung: v- / u-Perfekt

Infinitiv Präsens	Präsensstamm	Perfektstamm	Art der Perfektbildung
vocāre **audīre**	**vocā-** **audī-**	**vocā-v-** **audī-v-**	**v-Perfekt** (meistens bei den Verben der ā- und ī-Konjugation)
tacēre	**tacē-**	**tac-u-**	**u-Perfekt** (meistens bei den Verben der ē-Konjugation)

Der Perfektstamm zu esse lautet **fu-** (fuī, fuistī usw.).

Bei vielen Verben musst du die 1. Person Singular Perfekt dazulernen, besonders dann, wenn du nicht ohne weiteres von einer Perfektform auf den Infinitiv Präsens schließen kannst. Im Wortschatz ist daher häufig auch die 1. Person Singular Perfekt mit angegeben, z. B. cupere, cupio, cupivi.

F 3 Verben: posse

Infinitiv	**pos-se**	können, vermögen

Präsens	Sg.	Pl.
1. Pers.	**pos-sum**	**pos-sumus**
2. Pers.	**pot-es**	**pot-estis**
3. Pers.	**pot-est**	**pos-sunt**

Die Formen von posse sind aus dem alten Adjektiv potis (mächtig, fähig) und dem Hilfsverb esse entstanden. Vor Vokal steht pot-, vor **s** wird pot- zu pos- assimiliert (angeglichen).

Der Perfektstamm zu posse lautet: **potu-** (potuī, potuistī usw.).

S Verwendung des Perfekts

Primo tabernam intravimus; deinde libros spectavimus.
Zuerst betraten wir den Laden; dann sahen wir uns die Bücher an.

Das Perfekt ist im Lateinischen vor allem das Tempus für die Darstellung einmaliger Vorgänge, die zum Abschluss gelangt sind. Es ist somit das Tempus, in dem die wesentlichen Ereignisse erzählt werden. Meistens wird es im Deutschen mit dem Präteritum / Imperfekt wiedergegeben.

W

dēbēre	müssen, sollen; schulden	**tandem**	endlich
accēdere	herbeikommen, hinzukommen	**iubēre**	anordnen, befehlen
perīculum	Gefahr	**īnstituere**	beginnen, einrichten, unterrichten
tacēre	schweigen	**repente**	plötzlich

pōns, pontis *m*	Brücke	f. pont
prīmum *Adv.*	erstens, zuerst, zum ersten Mal	
procul *Adv.*	von fern, weit weg	
postrēmō *Adv.*	schließlich	
propius *Adv.*	näher	
quidem *Adv.*	freilich, gewiss, wenigstens, zwar	
mēcum (~ cum mē)	mit mir	
mūnītiō, mūnītiōnis *f*	Bau, Befestigung	Munition
adhūc *Adv.*	bis jetzt, noch	
prōspicere, prōspiciō	schauen auf, sehen, vorhersehen	Prospekt
tēlum	(Angriffs-)Waffe, Geschoss	
nē ... quidem	nicht einmal	
fīdūcia	Vertrauen	
carēre, careō, caruī *m. Abl.*	frei sein von, etw. nicht haben	
cōnfīdere, cōnfīdō	vertrauen	f. confier
gladius	Schwert	Gladiator, Gladiole
cōnstat	es ist bekannt, es steht fest	

Horātius Coclēs, Coclitis *m*	Horatius Cocles (Held der römischen Frühzeit)	
Tuscī, Tuscōrum *m Pl.*	die Etrusker	Toskana

F Verben: Infinitiv Perfekt

vocā-**v**-**isse** gerufen (zu) haben
fu-**isse** gewesen (zu) sein

Der Infinitiv Perfekt wird gebildet, indem an den Perfektstamm die Endung **-isse** angefügt wird.

S Akkusativ mit Infinitiv (AcI)

a) Erscheinungsform und Übersetzung

Claudia amicum laborare videt.
Claudia sieht einen Freund arbeiten.
Claudia sees a friend work.

Eine dem AcI ähnliche Konstruktion, bei der nach bestimmten Verben zu einem Akkusativobjekt (hier: amicum) ein Infinitiv (hier: laborare) hinzukommt, gibt es auch im Deutschen und Englischen.

Claudia amicum laborare scit.
Claudia weiß, dass der Freund arbeitet.

Im Lateinischen ist der **AcI (Accusativus cum Infinitivo)** jedoch viel häufiger und kommt meist nach Verben vor, bei denen eine wörtliche Wiedergabe im Deutschen nicht möglich ist.
Die gebräuchlichste Übersetzung ist ein mit „dass“ eingeleiteter Gliedsatz.

b) Zeitverhältnis

Claudia amicum labora*re scit*.
Claudia *weiß*, dass der Freund *arbeitet*.

Claudia amicum labora*re scivit*.
Claudia *wusste*, dass der Freund *arbeitete*.

Die Formen des **Infinitiv Präsens** drücken aus, dass das Geschehen des AcI mit dem des Prädikats gleichzeitig abläuft; sie bezeichnen die **Gleichzeitigkeit (Infinitiv der Gleichzeitigkeit).**

Claudia amicum labora*visse scit*.
Claudia *weiß*, dass der Freund *gearbeitet hat*.

Claudia amicum labora*visse scivit*.
Claudia *wusste*, dass der Freund *gearbeitet hatte*.

Die Formen des **Infinitiv Perfekt** drücken aus, dass das Geschehen des AcI vor dem des Prädikats stattgefunden hat; sie bezeichnen die **Vorzeitigkeit (Infinitiv der Vorzeitigkeit).**

c) Der AcI als satzwertige Konstruktion

Claudia scit: *Amicus laborat.*
Claudia weiß: *Der Freund arbeitet.*

Claudia *amicum laborare* scit.
Claudia weiß, *dass der Freund arbeitet.*

Man kann den AcI als einen eigenständigen Aussagesatz verstehen, der in einen anderen Satz hineingenommen und von dessen Prädikat abhängig gemacht wurde.
Der AcI wird deshalb als **satzwertige Konstruktion** bezeichnet.

M Wortschatz erweitern: Wortbildungselemente nutzen (Verben, Substantive)

Mit der folgenden Auflistung von wichtigen **Präfixen** (Vorsilben), die du zum größten Teil schon kennst, kannst du dir die Bedeutung vieler **Komposita** erschließen: Füge einfach die Bedeutung des Präfixes zur Bedeutung des Verbum simplex hinzu und du erhältst die Grundbedeutung des Kompositums.

Präfix		Bedeutung
ab- (a-, abs-)	von der Präp. a / ab	weg-, ab-
ad- (ac-, at- und andere Formen**)**	von der Präp. ad	hinzu-, dabei-
circum-	von der Präp. circum	um-, herum-
com- (col-, con-)	von der Präp. cum	zusammen-
de-	von der Präp. de	herab-, weg-
ex- (e-, ef-)	von der Präp. e / ex	heraus-
in-	von der Präp. in	hinein-, darin-
per-	von der Präp. per	(hin)durch-
pro-	von der Präp. pro	vor-, voraus-
ne-		nicht
re-		zurück-, wieder

Auch beim Erlernen von Substantiven kann die Wortbildung helfen. Viele sind nämlich von einem anderen Wort, meist einem Verb oder einem Adjektiv, mit Hilfe einer Nachsilbe (**Suffix**) abgeleitet, das eine bestimmte Bedeutung hat. Wenn du das zu Grunde liegende Wort mit dieser Bedeutung in Verbindung bringst, kannst du dir die Bedeutung des neuen Worts erschließen.

Zum Beispiel bezeichnet das Suffix -ium in der Regel eine Handlung oder ein Ergebnis. aedificium *(Gebäude)* ist also das Ergebnis des Bauens (aedificare *bauen*).

Einige wichtige Substantiv-Suffixe sind:

Suffix	Beispiel	abgeleitet von	
-io	oratio	orare *bitten*	Handlung oder Ergebnis
-ium	aedificium	aedificare *bauen*	Handlung oder Ergebnis
-mentum	ornamentum	ornare *schmücken*	Mittel oder Ergebnis
-or	dolor	dolere *schmerzen*	Zustand oder Eigenschaft
-tas	libertas	liber *frei*	Zustand oder Eigenschaft
-tudo	magnitudo	magnus *groß*	Zustand oder Eigenschaft
-tor	imperator	imperare *befehlen*	handelnde Person

Wortbildung erkennen

venire
kommen

- **cum** → **con**venire – besuchen, zusammenkommen, zusammenpassen
- **per** → **per**venire – kommen zu / nach
- **circum** → **circum**venire – umringen, umzingeln

(specere)

- spectare – betrachten, hinsehen
  - **ex** → **ex**spectare – warten, erwarten
- **ad** → **as**picere – erblicken
- **pro** → **pro**spicere – schauen auf, sehen, vorhersehen

ducere
führen, ziehen

- **in** → **in**ducere – (hin)einführen, verleiten

stare
stehen

- **cum** → **con**stat – es ist bekannt, es steht fest

munire
bauen, befestigen, schützen

- **-io** → muniti**o** – Bau, Befestigung

gaudere
sich freuen

- **-ium** → gaud**ium** – Freude

W

post	hinter, nach; dann, später	**tandem**	endlich
vōx	Äußerung, Laut, Stimme	**gēns**	Familienverband, Stamm, Volk
arma	Waffen, Gerät	**nex**	Mord, Tod
marītus	Ehemann	**relinquere**	unbeachtet lassen, verlassen, zurücklassen
colere	bewirtschaften, pflegen; verehren		

magnus, a, um	groß, bedeutend	„Magnum“
multus, a, um	viel	multiplizieren, multikulturell
multī, ae	viele	
multa *n Pl.*	viel(es)	
bonus, a, um	gut	Bon, Bonus, Bonbon, f. bon
mors, mortis *f (Gen. Pl.* **-ium***)*	Tod	f. mort
occupāre, occupō	besetzen, einnehmen	okkupieren, Okkupation
terrēre, terreō, terruī	erschrecken	Terror, Terrorist, e. terror
causa	Ursache, Sache, Prozess	Kausalsatz, e./f. cause
cognōscere, cognōscō, cognōvī	erkennen, kennenlernen	
scelus, sceleris *n*	Verbrechen; Schurke	
rēx, rēgis *m*	König	
sors, sortis *f (Gen. Pl.* **-ium***)*	Los, Orakelspruch, Schicksal	Sorte
miser, misera, miserum	arm, erbärmlich, unglücklich	Misere, miserabel
magnā vōce	mit lauter Stimme	
inquit *(in die wörtl. Rede eingeschoben)*	sagt(e) er	
propter *Präp. m. Akk.*	wegen	
expellere, expellō	vertreiben, verbannen	e. to expel
superbus, a, um	stolz, überheblich	
malus, a, um	schlecht, schlimm	
īgnōrāre, īgnōrō	nicht kennen, nicht wissen	Ignorant, e. to ignore
nōn īgnōrāre	genau wissen, gut kennen	
num *im dir. Fragesatz*	etwa?	
sanguis, sanguinis *m*	Blut, Blutvergießen	f. sang
sī *Subj.*	falls, wenn	
tūtus, a, um *(***ā** *m. Abl.)*	sicher (vor)	
tōtus, a, um *(Gen.* **tōtīus,** *Dat.* **tōtī***)*	ganz	total, totalitär, e. total, f. tout
līberāre, līberō	befreien, freilassen	liefern, e. to liberate
et … et	sowohl … als auch	
timēre, timeō, timuī	Angst haben, fürchten	
ita *Adv.*	so	
ultimus, a, um	der äußerste, der entfernteste, der letzte	Ultimatum, ultima ratio, ultimativ

Fortsetzung →

Tarquinius Superbus	Tarquinius Superbus (letzter König Roms)
L. Iūnius Brūtus	Lucius Junius Brutus (Verschwörer gegen Tarquinius)
Rōmānus, a, um	römisch; *Subst.* Römer

F Adjektive der a- und o-Deklination

Beispiel:
magnus, a, um groß

	Sg. *m*	*f*	*n*	Pl. *m*	*f*	*n*
Nom.	**magn-us**	**magn-a**	**magn-um**	**magn-ī**	**magn-ae**	**magn-a**
Gen.	**magn-ī**	**magn-ae**	**magn-ī**	**magn-ōrum**	**magn-ārum**	**magn-ōrum**
Dat.	**magn-ō**	**magn-ae**	**magn-ō**	**magn-īs**	**magn-īs**	**magn-īs**
Akk.	**magn-um**	**magn-am**	**magn-um**	**magn-ōs**	**magn-ās**	**magn-a**
Abl.	**magn-ō**	**magn-ā**	**magn-ō**	**magn-īs**	**magn-īs**	**magn-īs**

Die Adjektive (Eigenschaftswörter) auf -us, a, um werden dekliniert wie die Substantive der a- und o-Deklination.

Beispiel:
miser, misera, miserum arm

Für die Adjektive auf -er gilt das gleiche wie für die Substantive auf -er (vgl. 6 **F 3**).

S 1 Adjektive: KNG-Kongruenz

Homo bonus amicis adest.
Ein guter Mensch hilft seinen Freunden.

In foro magna templa sunt.
Auf dem Forum sind große Tempel.

Liberi magnos montes vident.
Die Kinder sehen große Berge.

Das Adjektiv richtet sich im **K**asus, **N**umerus und **G**enus nach dem Nomen, zu dem es gehört (**KNG-Kongruenz**).
Die Endungen sind gleich, wenn Substantiv und Adjektiv zur gleichen Deklinationsklasse gehören (z.B. magna templa), andernfalls unterscheiden sie sich (z.B. magnos montes).
Die Adjektive stehen meist hinter dem Substantiv, zu dem sie gehören; wenn sie eine Menge, ein Maß oder eine Zahl bezeichnen (z.B. magnus), stehen sie häufig davor.

S 2 Adjektiv als Attribut

Die Adjektive werden häufig als Attribute verwendet. Sie sind keine notwendigen Bestandteile des Satzes. Ein **Adjektivattribut** kann als Satzgliedteil zum Subjekt, Objekt oder Adverbiale treten und dieses näher erläutern.

Subjekt — Prädikat
Liberi — vident

Objekt
montes
⋮
Attribut
magnos

S 3 Adjektiv als Prädikatsnomen

a) Forum magnum est.
Der Marktplatz ist groß.

Ein Adjektiv kann ebenso wie ein Substantiv als Prädikatsnomen zum Hilfsverb esse treten (vgl. 2 **S 3**). Es gilt die KNG-Kongruenz mit dem Bezugswort.

b) Servus et serva miseri sunt.
Der Sklave und die Sklavin sind arm.

Bezieht sich ein Adjektiv auf mehrere Wörter, die maskulin und feminin sind, so steht das Adjektiv im Maskulin Plural.

Tarquinius rex superbus est.
Tarquinius ist ein überheblicher König.
oder: Der König Tarquinius ist überheblich.

In diesem Satz kannst du rex sowohl als Attribut (zu Tarquinius) wie auch als Prädikatsnomen (zu est) auffassen, sodass sich zwei grammatikalisch richtige Übersetzungsmöglichkeiten ergeben.
Im Satzmodell ist der Unterschied zu erkennen:

Subjekt — Prädikat
Tarquinius — est

rex
(Präd. nom.)
⋮
Attribut
superbus

oder:

Subjekt — Prädikat
Tarquinius — est
⋮
Attribut
rex

superbus
(Präd. nom.)

Sprachen vergleichen

sors	–	*f. sort*	–	*i. sorte*	–	*s. suerte*	–	*dt. Sorte*
miser	–	*f. misérable*	–	*s. miserable*	–	*e. miserable*	–	*dt. miserabel*

W

tōtus	ganz	**convenīre**	besuchen, zusammmenkommen, zusammenpassen
adesse *m. Dat.*	helfen	**ita**	so
hostis	Feind	**sors**	Los, Orakelspruch, Schicksal
uxor	Ehefrau	**cupere**	verlangen, wünschen, wollen
salūs	Gesundheit, Glück, Rettung, Gruß	**servāre**	bewahren, retten

vidēre, videō, **vīdī**	sehen; darauf achten	
dīcere, dīcō, **dīxī**	sagen, sprechen	
venīre, veniō, **vēnī**	kommen	
capere, capiō, **cēpī**	fassen, nehmen; erobern	
facere, faciō, **fēcī**	machen, tun, handeln	
dūcere, dūcō, **dūxī**	führen, ziehen	
nōs *Nom./Akk.*	wir / uns	f. nous
accēdere, accēdō, **accessī**	herbeikommen, hinzukommen	
postquam *Subj. m. Ind. Perf.*	nachdem	
legiō, legiōnis *f*	Legion (ca. 5000–6000 Mann)	Legionär, e. legion, f. légion
vincere, vincō, vīcī	(be)siegen, übertreffen	Vinzenz
suus, a, um	ihr, sein	
cūnctī, ae, a	alle (zusammen)	
meus, a, um	mein	e. my
āmittere, āmittō, āmīsī	aufgeben, verlieren	
alius, a, ud	ein anderer	e. else
alius ... alius	der eine ... der andere	
vocāre, vocō *m. dopp. Akk.*	rufen, nennen; bezeichnen als	
tibi *Dat.*	dir	
tuus, a, um	dein	
manēre, maneō, mānsī *(m. Akk.)*	bleiben, warten (auf)	permanent
ūnus, a, um *(Gen.* **ūnīus**, *Dat.* **ūnī**)	ein(er), ein einziger	Union, e. one
ūnus ex / dē *m. Abl.*	einer von	
vīvus, a, um	lebend, lebendig	f. vif, vive
restāre, restō	übrig bleiben; Widerstand leisten	Rest, Ar-rest, e. rest
sōlum *Adv.*	nur	
nōn sōlum ... sed etiam	nicht nur ... sondern auch	
noster, nostra, nostrum	unser	f. notre
convenīre, conveniō, **convēnī**	besuchen, zusammenkommen, zusammenpassen	
cōnsulere, cōnsulō, cōnsuluī *(***dē** *m. Abl.)*	befragen; beraten (über)	
labor, labōris *m*	Anstrengung, Arbeit	Labor(atorium)
mīles, mīlitis *m*	Soldat	
oppidum	Stadt	

nōbīs *Dat.*	uns	f. nous
equidem	(ich) allerdings, freilich	
cēnsēre, cēnseō, cēnsuī *(m. Akk.)*	meinen, einschätzen; seine Stimme abgeben (für)	zensieren, Zensur
aperīre, aperiō, aperuī	aufdecken, öffnen	
cēnsor, cēnsōris *m*	Zensor (röm. Beamter)	
vērō *Adv.*	aber	
sententia	Antrag (im Senat), Meinung; Satz, Sinn	Sentenz, e./f. sentence
proelium	Kampf, Schlacht	
moenia, moenium *n Pl.*	(Stadt-)Mauern	
altus, a, um	hoch, tief	Alt, Altar
mē *Akk.*	mich	f. me
vōs *Nom./Akk.*	ihr / euch	f. vous

relinquere, relinquō, **relīquī**	unbeachtet lassen, verlassen, zurücklassen
agere, agō, **ēgī**	handeln, treiben, verhandeln
pervenīre, perveniō, **pervēnī**	kommen zu / nach
rīdēre, rīdeō, **rīsī**	lachen, auslachen
aspicere, aspiciō, **aspexī**	erblicken

Hannibal, Hannibalis *m*	Hannibal (Feldherr der Punier)
Alpēs, Alpium *f Pl.*	die Alpen
Italia	Italien
Rōmam	nach Rom

Fremdwörter erkennen

Redensarten und Wendungen aus unserem Alltag – mit lateinischen Vokabeln:

eine schlechte *Kopie*
ein guter *Video*film
eine *Audienz* beim Papst
ein *totaler* Zusammenbruch
ein falsches *Signal*
das Auto *re-parieren*

So ein *Klamauk*!

eine *„Gaudi"* machen
Terror machen
einen Beitrag *zensieren*
das Essen *probieren*
defensiv spielen
sensibel *re-agieren*

Ich bin *frustriert*!

die *Daten* sichern
ein *Patent* anmelden
sein *Plazet* geben
ein *Fazit* ziehen
eine *Akte* schließen
die Ware *re-klamieren*

Das *kapiert* keiner!

F 1 Perfektbildung: s- und Dehnungsperfekt

a) s-Perfekt

Infinitiv Präsens	Präsensstamm	Perfektstamm	1. Pers. Sg. Perf.
manēre	**manē-**	**māns-**	**māns-ī**
dūcere	**dūc-**	**dūx-** (aus: **dūc-s-**)	**dūx-ī**
rīdēre	**rīde-**	**rīs-**	**rīs-ī**

b) Dehnungsperfekt

Infinitiv Präsens	Präsensstamm	Perfektstamm	1. Pers. Sg. Perf.
vidēre	**vide-**	**vīd-**	**vīd-ī**
venīre	**veni-**	**vēn-**	**vēn-ī**
capere	**capi-**	**cēp-**	**cēp-ī**

Beim Dehnungsperfekt wird der Stammvokal gedehnt und manchmal zusätzlich verändert.

venit er kommt / er kam
Beim Dehnungsperfekt sind einige Formen doppeldeutig, da die Dehnung im Schriftbild nicht wiedergegeben wird. Eine eindeutige Bestimmung der Form ist durch den Kontext, oft auch durch die „benachbarten" Verbformen möglich.

F 2 Personalpronomen (persönliches Fürwort)

		Sg.		Pl.	
1. Person	Nom.	**egō**	ich	**nōs**	wir
	Gen.	**meī**	meiner	**nostrī**	unser
	Dat.	**mihi**	mir	**nōbīs**	uns
	Akk.	**mē**	mich	**nōs**	uns
	Abl.	**ā mē / mēcum**	von mir / mit mir	**ā nōbīs / nōbīscum**	von uns / mit uns
2. Person	Nom.	**tū**	du	**vōs**	ihr
	Gen.	**tuī**	deiner	**vestrī**	euer
	Dat.	**tibi**	dir	**vōbīs**	euch
	Akk.	**tē**	dich	**vōs**	euch
	Abl.	**ā tē / tēcum**	von dir / mit dir	**ā vōbīs / vōbīscum**	von euch / mit euch

Im Gen. Pl. gibt es auch nostrum bzw. vestrum, z.B.: quis vestrum? „wer von euch?"

S Personalpronomen: Verwendung

Quid? *Tu* parere dubitas? *Ego* dominus sum, *tu* servus es!
Was? Du zögerst zu gehorchen? Ich bin der Herr, du bist der Sklave!

Im Nominativ wird das Personalpronomen nur verwendet, wenn in einem Satz das – bereits im Prädikat enthaltene – Subjekt besonders betont werden soll.
In den anderen Kasus wird das Personalpronomen wie im Deutschen oder Englischen verwendet.

W

iam	schon, nun	**manēre**	bleiben, warten (auf)
patria	Heimat	**licet**	es ist erlaubt, es ist möglich
dēnique	schließlich, zuletzt	**propter**	wegen
tamen	dennoch, jedoch	**mors**	Tod

quī, quae, quod	welcher, welche, welches; der, die, das	
appellāre, appellō *(m. dopp. Akk.)*	anrufen, nennen, bezeichnen (als)	appellieren, Appell
quia *Subj. m. Ind.*	weil	
subicere, subiciō, subiēcī	darunterlegen, unterwerfen	Subjekt, e. subject, f. sujet
imprīmīs *Adv.*	besonders, vor allem	
errāre, errō	(sich) irren	
superāre, superō	besiegen, übertreffen	
nescīre, nesciō, nescīvī	nicht wissen, nicht kennen	
dēcernere, dēcernō, dēcrēvī	beschließen, entscheiden, zuerkennen	Dezernat, Dekret
virtūs, virtūtis *f*	Tapferkeit, Tüchtigkeit, Vortrefflichkeit, Leistung; *Pl.* gute Eigenschaften, Verdienste	Virtuosität, e. virtue, f. vertu
neque	und nicht, auch nicht, nicht einmal	
crīmen, crīminis *n*	Beschuldigung, Vorwurf, Verbrechen	Krimi, Kriminalfall, kriminell, e./f. crime
falsus, a, um	falsch	e. false
accūsāre, accūsō	anklagen, beschuldigen	Akkusativ, e. to accuse
familia	Familie, Hausgemeinschaft	e. family, f. famille
clārus, a, um	berühmt, hell, klar	Klara, Klarinette, e. clear
exemplum	Beispiel, Vorbild	Exempel, e. example
dēspērāre, dēspērō (**dē** *m. Abl.)*	die Hoffnung aufgeben (auf), verzweifeln (an)	Desperado, e. to despair
sōlus, a, um	allein, einzig	Solo, Solist
cūrāre, cūrō *(m. Akk.)*	pflegen, sorgen für, besorgen	kurieren
studēre, studeō, studuī *(m. Dat.)*	sich (wissenschaftlich) beschäftigen, sich bemühen (um), streben (nach)	studieren, Student, e. to study
vīta	Leben, Lebensweise	vital, Vitamin
vester, vestra, vestrum	euer	
dīmittere, dīmittō, dīmīsī	aufgeben, entlassen	e. to dismiss
remanēre, remaneō, **remānsī**	(zurück)bleiben	

(P. Cornēlius) Scīpiō (Āfricānus), Scīpiōnis *m*	Publius Cornelius Scipio (Sieger über Hannibal)
(L.) Aemilius Paullus	Lucius Aemilius Paullus (röm. Feldherr)
Āfrica	Afrika
Poenī, Poenōrum *m Pl.*	die Punier

F Relativpronomen (bezügliches Fürwort)

	Sg.		Pl.		
Nom.	**quī**	der (welcher)	**quī**	die (welche)	*m*
	quae	die (welche)	**quae**	die (welche)	*f*
	quod	das (welches)	**quae**	die (welche)	*n*
Gen.	**cuius**	dessen	**quōrum**	deren	*m*
	cuius	deren	**quārum**	deren	*f*
	cuius	dessen	**quōrum**	deren	*n*
Dat.	**cui**	dem	**quibus**	denen	*m*
	cui	der	**quibus**	denen	*f*
	cui	dem	**quibus**	denen	*n*
Akk.	**quem**	den (welchen)	**quōs**	die (welche)	*m*
	quam	die (welche)	**quās**	die (welche)	*f*
	quod	das (welches)	**quae**	die (welche)	*n*
Abl.	**quō**		**quibus**		*m*
	quā		**quibus**		*f*
	quō		**quibus**		*n*

Die Ablativformen müssen im Deutschen je nach Zusammenhang mit entsprechenden Präpositionalausdrücken (z.B. „mit dem", „in der") übersetzt werden.

S Relativsatz als Attribut

Hannibal, de *quo* certe iam audivistis, Romanos terruit.
Hannibal, von dem ihr sicher schon gehört habt, versetzte die Römer in Schrecken.

Das Relativpronomen richtet sich im **G**enus und **N**umerus nach seinem Bezugswort (**NG-Kongruenz**).
Der Kasus wird jedoch wie im Deutschen von der Konstruktion des Relativsatzes bestimmt.

Die Relativsätze haben – wie der Genitiv oder das Adjektiv – meist die Satzgliedfunktion des Attributes. Sie geben eine Erläuterung zum Bezugswort (hier: Hannibal).

Subjekt Hannibal — Prädikat terruit

Attribut de quo certe iam audivistis

Objekt Romanos

Subjunktionen unterscheiden

quod	dass; weil	postquam	nachdem
quia	weil	si	falls, wenn

T Relativer Satzanschluss

Aulus: „Comites in periculo sunt."
Aulus: „Die Gefährten sind in Gefahr."

Gaius: „*Quod* si ita est, comites servare debemus. Veni mecum!"
Gajus: „Wenn dies so ist, müssen wir die Gefährten retten. Komm mit mir!"

Quibus verbis amico respondet.
Mit diesen Worten antwortet er dem Freund.

Im Lateinischen kann – anders als im Deutschen oder Englischen – am Anfang eines Satzes statt eines Demonstrativpronomens ein Relativpronomen stehen, das sich auf ein Wort oder den Inhalt des vorhergehenden Satzes bezieht. Dadurch wird der Satz eng mit dem vorhergehenden verbunden. Im Deutschen muss man ein entsprechendes Demonstrativpronomen einsetzen.

Fortleben des Lateinischen erkennen

Lateinische Wörter – überall in Europa:

pater	*i. padre*	*s. padre*	*f. père*	*(e. father)*	*(dt. Vater)*
homo	*i. uomo*	*s. hombre*	*f. homme*		
familia	*i. famiglia*	*s. familia*	*f. famille*	*e. family*	*dt. Familie*
vita	*i. vita*	*s. vida*	*f. vie*		
sententia	*i. sentenza*	*s. sentencia*	*f. sentence*	*e. sentence*	*dt. Sentenz*
vox	*i. voce*	*s. voz*	*f. voix*	*e. voice*	
liber	*i. libro*	*s. libro*	*f. livre*		
murus	*i. muro*	*s. muro*	*f. mur*		*dt. Mauer*
solus	*i. solo*	*s. solo*	*f. seul*	*e. sole*	*dt. „solo"*
noster	*i. nostro*	*s. nuestro*	*f. notre*		
vester	*i. vostro*	*s. vuestro*	*f. votre*		

Das bekannteste christliche Gebet heißt nach seinem Beginn: „Pater noster" – „Vater unser"

An einer Ladentür in Italien steht: Grazie per la Vostra visita! – Danke für Ihren Besuch!

Sprachenvergleich nutzen

Wozu wird appellare **im Französischen** verwendet?

«Je m'appelle Madeleine.»
«Comment vous appelez-vous?»
«Je m'appelle Claudine; et il s'appelle Henry.»

W

domina	Herrin	**dēfendere**	verteidigen, abwehren, schützen
surgere	aufstehen, sich erheben	**ante**	vor
cōnsulere	befragen; beraten (über)	**aperīre**	aufdecken, öffnen
aedēs	Haus, Gebäude	**cognōscere**	erkennen, kennenlernen
necāre	töten		

is, ea, id	dieser, diese, dieses; er, sie, es	
nox, noctis *f (Gen. Pl.* **-ium***)*	Nacht	e. night, f. nuit
multā nocte	in tiefer Nacht *(wann?)*	
somnus	Schlaf	
excitāre, excitō	wecken, erregen, ermuntern	
animadvertere, animadvertō, animadvertī	bemerken, wahrnehmen	
surgere, surgō, **surrēxī**	aufstehen, sich erheben	
summus, a, um	der höchste, der letzte, der oberste	
paucī, ae, a	wenige	
ea, quae *n Pl.*	das, was	
contendere, contendō, **contendī**	eilen; sich anstrengen	
currere, currō, **cucurrī**	eilen, laufen	
arcessere, arcessō, arcessīvī	herbeirufen, holen	
imperāre, imperō *(m. Dat.)*	befehlen, herrschen (über)	Imperativ
claudere, claudō, clausī	abschließen, einschließen	Klausel, Klausur, e. to close
prīmus, a, um	der erste	Primus, prima, Primaten
lūx, lūcis *f*	Licht, Tageslicht	Luzi-fer, e. light
prīmā lūce	bei Tagesanbruch *(wann?)*	
profectō *Adv.*	sicherlich, tatsächlich	
duo, duae, duo	zwei	Duo, dual
stāre, stō, **stetī**	stehen	
discēdere, discēdō, discessī	auseinandergehen, weggehen	
convocāre, convocō	versammeln	
dēfendere, dēfendō, **dēfendī**	verteidigen, abwehren, schützen	
īnsidiae, īnsidiārum *f Pl.*	Falle, Attentat, Hinterlist	
īnsidiās parāre	eine Falle stellen	
vītāre, vītō	meiden, vermeiden	
monēre, moneō, monuī	(er)mahnen	monieren, Monitor
postulāre, postulō	fordern	postulieren, Postulat,
pellere, pellō, pepulī	schlagen, vertreiben	Puls
mittere, mittō, **mīsī**	(los)lassen, schicken, werfen	
restāre, restō, **restitī**	übrig bleiben; Widerstand leisten	
dare, dō, **dedī**	geben	
īnstituere, īnstituō, **īnstituī**	beginnen, einrichten, unterrichten	

attingere, attingō, **attigī**	berühren
respondēre, respondeō, **respondī**	antworten, entsprechen
expellere, expellō, **expulī**	vertreiben, verbannen
ostendere, ostendō, **ostendī**	zeigen, darlegen

(M. Tullius) Cicerō, Cicerōnis *m*	Marcus Tullius Cicero (Konsul 63 v. Chr.)
Catilīna *m*	Catilina (Anführer der Verschwörung)
Tīrō, Tīrōnis *m*	Tiro (Sekretär Ciceros)

Römische Ämter kennenlernen

F 1 Perfektbildung: Reduplikation und ohne Stammveränderung

a) Reduplikationsperfekt

Infinitiv Präsens	Präsensstamm	Perfektstamm	1. Pers. Sg. Perf.
currere	**curr-**	**cucurr-**	**cucúrrī**
pellere	**pell-**	**pepul-**	**pépulī**
expellere	**expell-**	**expul-**	**éxpulī**

Beim Reduplikationsperfekt wird der Wortanfang „verdoppelt“ (dupliziert), indem der anlautende Konsonant (z.B. c bei currere) mit einem Bindevokal davorgesetzt wird.
Bei den Komposita (zusammengesetzten Verben) fehlt die Reduplikationssilbe im Perfekt (z.B. expellere – éxpuli).

b) Perfekt ohne Stammveränderung

Infinitiv Präsens	Präsensstamm	Perfektstamm	1. Pers. Sg. Perf.
dēfendere	**dēfend-**	**dēfend-**	**dēfendī**

Bei einigen Verben bleibt der Perfektstamm gegenüber dem Präsensstamm unverändert.

F 2 Pronomen is (Demonstrativ-, Personal-, Possessivpronomen)

	Sg.		Pl.		
Nom.	**is**	dieser / er	**iī / eī**	diese / sie	*m*
	ea	diese / sie	**eae**	diese / sie	*f*
	id	dieses / es	**ea**	diese / sie	*n*
Gen.	**eius**	(dessen) sein	**eōrum**	(deren) ihr	*m*
	eius	(deren) ihr	**eārum**	(deren) ihr	*f*
	eius	(dessen) sein	**eōrum**	(deren) ihr	*n*
Dat.	**eī**	diesem / ihm	**eīs / iīs**	diesen / ihnen	*m*
	eī	dieser / ihr	**eīs / iīs**	diesen / ihnen	*f*
	eī	diesem / ihm	**eīs / iīs**	diesen / ihnen	*n*
Akk.	**eum**	diesen / ihn	**eōs**	diese / sie	*m*
	eam	diese / sie	**eās**	diese / sie	*f*
	id	dieses / es	**ea**	diese / sie	*n*
Abl.	**eō**		**iīs / eīs**		*m*
	eā		**iīs / eīs**		*f*
	eō		**iīs / eīs**		*n*

S 1 Pronomen is: Verwendung

Die Formen des Pronomens is erfüllen mehrere Funktionen:

a) is vir — dieser Mann
is, qui bene dicit — der(jenige), der gut spricht

Das Pronomen is wird häufig als **Demonstrativpronomen** (hinweisendes Fürwort) gebraucht.

b) Ubi est Marcus? — Wo ist Markus?
Quis *eum* vidit? — Wer hat *ihn* gesehen?

Oft wird das Pronomen is auch als **Personalpronomen** (persönliches Fürwort) anstelle einer bereits genannten Person oder Sache verwendet.

c) Ciceronem non ignoramus. Orationes *eius* clarae sunt. — Wir kennen Cicero gut. *Seine (Dessen)* Reden sind berühmt.
Cicero oratione *sua* vicit. — Cicero gewann mit *seiner* Rede.

Die Genitivformen werden meist als **Possessivpronomen** (besitzanzeigendes Fürwort) verwendet.
Formen des Possessivpronomens suus, a, um werden nur gebraucht, wenn sich das Pronomen auf das Subjekt des Satzes (hier: Cicero) bezieht.
Man nennt diese Verwendung von suus, a, um **reflexiv** (rückbezüglich).

S 2 Ablativ als Adverbiale: Ablativ der Zeit

multā nocte — in tiefer Nacht
primā luce — bei Tagesanbruch

Der Ablativ wird auch zur Angabe einer Zeit (Ablativus temporis) verwendet. Wir fragen „wann?“.

W

num	etwa?	**pāx**	Friede
mulier	Frau	**cōnsilium**	Beratung, Beschluss, Plan, Rat
crēdere	anvertrauen, glauben	**cōpia**	Menge, Vorrat, Möglichkeit
pārēre	gehorchen, sich richten nach	**iter**	Reise, Weg, Marsch
placēre	gefallen	**alius**	ein anderer

vehemēns, vehementis	heftig, energisch, kritisch	vehement, e. vehement
dum *Subj.* (immer Präsens)	während, solange, (so lange) bis	
ingēns, ingentis	gewaltig, ungeheuer	
verba facere dē *m. Abl.*	Gespräche führen, reden über	
prīstinus, a, um	früher	
praestāre, praestō, praestitī *m. Dat.*	übertreffen	
vērus, a, um	echt, richtig, wahr	veri-fizieren, e. very, f. vrai
etsī *Subj.*	auch wenn, obwohl	
potēns, potentis	mächtig, stark	potent, e. potent
pulcher, pulchra, pulchrum	schön	
valēre, valeō, valuī	Einfluss haben, gesund sein, stark sein	Valenz, Rekonvaleszent, In-valide
multum valēre	viel gelten	
plūs valēre quam	mehr gelten als	
potentia	Macht	Potenz
cum *Subj. m. Ind.*	(immer) wenn, als (plötzlich), (zu der Zeit) als	
quamquam *Subj.*	obwohl	
contentus, a, um *(m. Abl.)*	zufrieden (mit)	e./f. content
inimīcus, a, um	feindlich; *Subst.* Feind	e. enemy, f. ennemi
perspicere, perspiciō, perspexī	erkennen, genau betrachten, sehen	Perspektive
novus, a, um	neu, ungewöhnlich	Novum, renovieren, e. new
cōpiae, cōpiārum *f Pl.*	Truppen	Kopie, kopieren, e. copy
nāvis, nāvis *f (Gen. Pl.* **-ium***)*	Schiff	Navigation
monumentum	Denkmal	Monument, e./f. monument
imperium	Befehl, Befehlsgewalt, Herrschaft, Herrschaftsgebiet	Imperium, Imperialismus, e. empire
temperāre, temperō *m. Akk.*	lenken, ordnen	Temperament, Temperatur
corpus, corporis *n*	Körper, Leichnam	korpulent, corpus delicti
aurum	Gold	Eldorado
sibi *Dat.*	sich	
adiungere, adiungō, adiūnxī	hinzufügen, anschließen	
sibi adiungere	für sich gewinnen	
rēgnum	(Königs-)Herrschaft, Reich	e. reign, f. règne
conicere, coniciō, coniēcī	(zusammen)werfen, folgern, vermuten	Konjektur

Fortsetzung →

(C. Iūlius) Caesar, Caesaris *m*	Gajus Julius Cäsar (Eroberer Galliens)
Cleopatra	Kleopatra (letzte Königin Ägyptens)
Aegyptus, Aegyptī *f*	Ägypten
Gallia	Gallien
(Cn.) Pompēius (Magnus)	Gnäus Pompejus Magnus (Hauptgegner Cäsars im Bürgerkrieg)
Nīlus	der Nil

F Adjektive der 3. Deklination (einendige)

Beispiel:
vehemens *(m)* **vehemens** *(f)* **vehemens** *(n)* heftig

	Sg. *m/f*	Sg. *n*	Pl. *m/f*	Pl. *n*
Nom.	**vehemēns**	**vehemēns**	**vehement-ēs**	**vehement-ia**
Gen.	**vehement-is**	**vehement-is**	**vehement-ium**	**vehement-ium**
Dat.	**vehement-ī**	**vehement-ī**	**vehement-ibus**	**vehement-ibus**
Akk.	**vehement-em**	**vehemēns**	**vehement-ēs**	**vehement-ia**
Abl.	**vehement-ī**	**vehement-ī**	**vehement-ibus**	**vehement-ibus**

Diese Adjektive haben im Nom. Sg. nur eine Form für alle drei Genera.
Der Akk. Sg. *n* ist mit dem Nom. Sg. *n* identisch, z. B. vehemens.
Der Nom. und der Akk. Pl. *n* enden auf -ia, z. B. vehementia.

Da bei den einendigen Adjektiven der Wortstamm nicht an den Formen des Nom. Sg. zu erkennen ist, wird im Wortschatz der Gen. Sg. mit angegeben, z. B. vehemens, vehementis.
Bei allen anderen Adjektiven sind im Wortschatz die Genera angegeben.

Vollständige Tabellen befinden sich im Tabellarium, S. 161.

Wie bei den Substantiven kommen auch bei den Adjektiven bestimmte Endungen in allen Deklinationen vor, z. B. -i und -is. In all diesen Fällen musst du die Deklinationsklasse des Adjektivs kennen, um die Form bestimmen zu können.
Pulchri kann z. B. Gen. Sg. *m*, Gen. Sg. *n* oder Nom. Pl. *m* sein,
ingenti dagegen Dat. oder Abl. Sg. aller drei Genera.

Fortleben des Lateinischen erkennen

Welches **lateinische Wort** steckt jeweils in den folgenden **französischen Wörtern**?

véhément – nouveau – nuit – mettre – content

S 1 Satzgefüge

Homines rident, quia gaudent.
Die Menschen lachen, weil sie sich freuen.

Durch die Verwendung von **Subjunktionen** (unterordnenden Bindewörtern) wie postquam, quia oder si kann man einen Satz dem anderen unterordnen und so aus Haupt- und Gliedsatz ein **Satzgefüge** formen.

S 2 Gliedsätze als Adverbiale

Cicero gaudet, quia oratione sua vicit.
Cicero freut sich, weil er mit seiner Rede siegreich war.

Gliedsätze haben oft die Satzgliedfunktion des Adverbiales. Als Adverbiale könnte im gleichen Satz auch ein Adverb (z. B. hodie), ein Präpositionalausdruck oder ein Ablativ (z. B. victoriā) stehen.

Subjekt ——— Prädikat
Cicero gaudet

Adverbiale
quia oratione sua vicit

S 3 Gliedsätze: Sinnrichtungen der Adverbialsätze

Die Subjunktionen drücken die **Sinnrichtung** des jeweiligen Gliedsatzes aus.
Nach den verschiedenen Sinnrichtungen unterscheidet man vor allem die folgenden Adverbialsätze:

- **Temporalsätze**: Gliedsätze mit Zeitangaben (z. B. während ..., nachdem ...)
- **Kausalsätze**: Gliedsätze, die einen Grund angeben (z. B. weil ...)
- **Konzessivsätze**: Gliedsätze, die einen Grund angeben, weshalb das Geschehen im Hauptsatz eigentlich nicht stattfinden könnte oder sollte bzw. nicht hätte stattfinden können oder sollen (z. B. obwohl ...)
- **Konditionalsätze**: Gliedsätze, die eine Bedingung enthalten (z. B. wenn ...)

Dum Cicero de Catilina *dicit* (Präs.), senatores surrexerunt.
Während Cicero über Catilina *sprach* (Präteritum), erhoben sich die Senatoren.

Postquam Cicero de Catilina *dixit* (Perf.), curiam reliquit.
Nachdem Cicero über Catilina *gesprochen hatte* (Plusqpf.), verließ er die Kurie.

Besonders aufpassen musst du bei den Subjunktionen dum und postquam. Nach dum („während“) steht immer Präsens, nach postquam immer Perfekt. Im Deutschen steht nach „während“ das gleiche Tempus wie im Hauptsatz, auf „nachdem“ folgt meist das Plusquamperfekt.

Wortfamilien erkennen

imper-are	vincere, vinco, **vic**-i	potens, **potent**-is
imper-ator	**vic**-tor	**potent**-ia
imper-ium	**vic**-tor-ia	

W

aedēs *Pl.*	Haus, Gebäude	**accēdere**	herbeikommen, hinzukommen
capere	fassen, nehmen; erobern	**certē**	gewiss, sicherlich
cūnctī	alle (zusammen)	**falsus**	falsch
nūntiāre	melden	**iubēre**	anordnen, befehlen

excēdere, excēdō, excessī	hinausgehen, weggehen	exzessiv, Exzess
nōnnūllī, ae, a	einige, manche	
ferus, a, um	wild	e. fierce
caput, capitis *n*	Kopf, Haupt; Hauptstadt	Kap, Kapitel, Kapitän
abdūcere, abdūcō, abdūxī	wegführen	
rapere, rapiō, rapuī	• wegführen, rauben, wegreißen	rapide
prōtinus *Adv.*	sofort	
ruere, ruō, ruī	eilen, stürmen, stürzen	
indicāre, indicō	anzeigen, melden	Indikativ, Index, Indikator
quīn *im Hauptsatz*	vielmehr; warum nicht?	
adesse, adsum, **adfuī**	da sein; helfen	
auctor, auctōris *m*	Anführer, Gründer, Ratgeber, Verfasser	Autor, e. author, f. auteur
putāre *m. dopp. Akk.*	halten für	
nēmō, nēminis	niemand	
nēmō nescit	jeder weiß	
īnfēstus, a, um	feindlich, feindselig	
nūper *Adv.*	neulich, vor kurzem	
improbus, a, um	schlecht, unanständig	
laedere, laedō, laesī	beschädigen, verletzen, beleidigen	lädieren
manifestus, a, um	offenkundig; überführt	Manifest
committere, committō, commīsī	anvertrauen, veranstalten, zustande bringen	Kommission, Kommissar, e. to commit, f. commettre
scelus committere	ein Verbrechen begehen	
suspīciō, suspīciōnis *f*	Verdacht, Vermutung	e./f. suspicion
quaerere, quaerō, quaesīvī	erwerben wollen, suchen	re-quirieren, Re-quisite
interrogāre, interrogō	fragen	Interrogativpronomen
reperīre, reperiō, repperī	(wieder)finden	Repertoire
continēre, contineō, continuī	festhalten	Container, e. to contain
ēripere, ēripiō, ēripuī	entreißen	

indūcere, indūcō, **indūxī**	(hin)einführen, verleiten	induktiv

S Akkusativ mit Infinitiv (AcI): Erweiterung

a) Ergänzungen

Amicum Claudiae patri paruisse scimus.
Wir wissen, dass Claudias Freund dem Vater gehorcht hat.

Amicum Claudiae diu laboravisse scimus.
Wir wissen, dass Claudias Freund lange gearbeitet hat.

Claudiam contentam fuisse scimus.
Wir wissen, dass Claudia zufrieden war.

Der Infinitiv kann durch Objekte, Adverbialien oder Prädikatsnomina ergänzt werden.
Das Prädikatsnomen (hier: contentam) steht im AcI ebenfalls im Akkusativ.

Durch Objekte, Adverbialien oder Prädikatsnomina können der Akkusativ und der Infinitiv manchmal weit voneinander getrennt sein. Dies kann dir das Erkennen des AcI erschweren. Andererseits hilft es, wenn du weißt, dass die von dem Akkusativ und dem Infinitiv „eingerahmten" Wörter zum AcI gehören, z.B.: *Amicum* Claudiae diu *laboravisse* scimus. Markiere deshalb, bevor du übersetzt, den AcI.

b) Satzgliedfunktion

Amicum laborare manifestum est.
Es ist offenkundig, dass der Freund arbeitet.

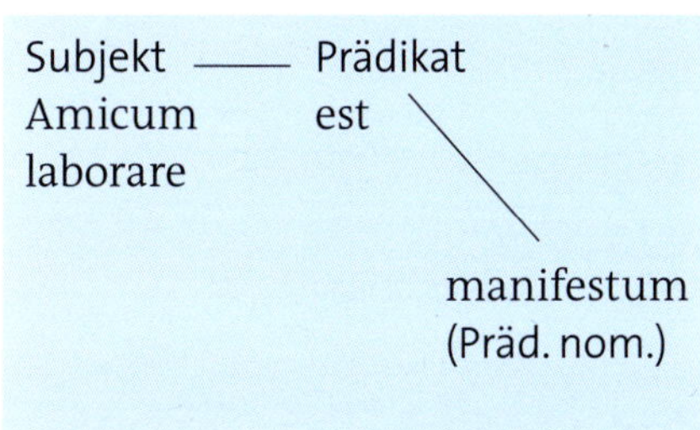

Claudia amicum laborare scit.
Claudia weiß, dass der Freund arbeitet.

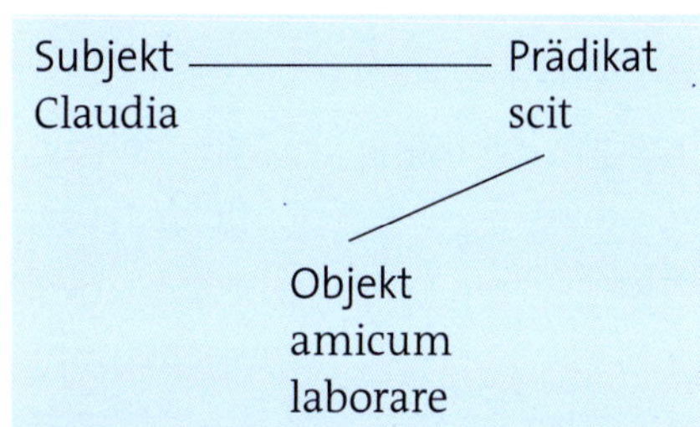

- Nach unpersönlichen Ausdrücken (z.B. manifestum est) steht der AcI als Subjekt.
- Nach Verben des Wahrnehmens (z.B. videre, audire), des Meinens oder Wissens (z.B. putare, scire), des Redens oder Erzählens (z.B. dicere, narrare) steht der AcI als Objekt.

Bedeutung aus dem Kontext erschließen

Imperator ludos committit.	Der Kaiser veranstaltet Spiele.
Populus Caesari imperium committit.	Das Volk vertraut Cäsar die Befehlsgewalt (den Oberbefehl) an.
Fur scelus committit.	Der Dieb begeht ein Verbrechen.
Milites bellum gerunt.	Die Soldaten führen Krieg.
Servae labores gerunt.	Die Sklavinnen verrichten ihre Arbeiten (führen ... aus).
Servus liberos curat.	Der Sklave sorgt für (kümmert sich um) die Kinder.
Servus senem curat.	Der Sklave pflegt den alten Mann.
Dominus serv*um* venire iubet.	Der Herr befiehlt dem Sklaven zu kommen. Der Herr befiehlt, dass der Sklave kommt.

W

numquam	niemals	**dubitāre**	zögern
dēbēre	müssen, sollen; schulden	**posteā**	nachher, später
valēre	Einfluss haben, gesund sein, stark sein	**profectō**	sicherlich, tatsächlich
oppidum	Stadt	**relinquere**	unbeachtet lassen, verlassen, zurücklassen
prīmō	zuerst	**nāvis**	Schiff

paene *Adv.*	fast, beinahe	
negāre, negō	verneinen, leugnen; verweigern	negativ, Negation
exīstimāre, exīstimō	(ein)schätzen, meinen	
vīs, *Akk.* **vim,** *Abl.* **vī** *f*	Gewalt, Kraft; Menge	
vīrēs, vīrium *f Pl.*	(Streit-)Kräfte	
dēficere, dēficiō, dēfēcī	abnehmen, ermatten; verlassen, ausgehen	Defekt, Defizit
sentīre, sentiō, sēnsī	fühlen, meinen, wahrnehmen	sensibel, sentimental
animus	Geist, Mut, Gesinnung, Herz	Animosität, animieren
animō dēficere	den Mut sinken lassen	
nōn dēbēre	nicht dürfen	
dextera	die rechte Hand, die Rechte	
crēscere, crēscō, crēvī	wachsen	kon-kret, crescendo
ante *Adv.*	vorher	
paulō ante	kurz vorher	
contendere, contendō, contendī	eilen; sich anstrengen; behaupten	
plērīque, plēraeque, plēraque	die meisten, sehr viele	
ambō, ambae, ambō	beide (zusammen)	
angustus, a, um	eng, schwierig	Angina, Angst
iterum *Adv.*	wiederum	iterativ
iterum atque iterum	immer wieder	
quaerere ex *m. Abl.*	jdn. fragen	
oportet, oportuit	es ist nötig, es gehört sich	
vērō *Adv.*	aber; in der Tat, wirklich	
immō (vērō) *Adv.*	ja sogar, vielmehr; im Gegenteil	
concēdere, concēdō, concessī	erlauben, nachgeben, zugestehen	Konzessivsatz, Konzession
virgō, virginis *f*	Mädchen, junge Frau	e. virgin, f. vierge
sēcum	mit sich, bei sich	
umerus	Oberarm, Schulter	

Capua	Capua (Stadt im westlichen Mittelitalien)
Athēnae, Athēnārum *f Pl.*	Athen (bedeutende Stadt in Griechenland)

F Reflexivpronomen (rückbezügliches Fürwort)

	Sg. und Pl.	Sg. und Pl.
Nom.	–	–
Gen.	**suī**	seiner / ihrer
Dat.	**sibi**	sich
Akk.	**sē**	sich
Abl.	**ā sē / sēcum**	von sich / mit sich

Zum Reflexivpronomen der 3. Person gibt es jeweils nur eine Form für alle drei Genera sowie für Singular und Plural. Im Deutschen gibt es nur im Gen. Sg. zwei verschiedene Formen, nämlich „seiner" und „ihrer".

S Pronomina im AcI

Balbus ***se*** servum bonum esse putat.
Balbus meint, dass er (*selbst*) ein guter Sklave ist.

Steht ein Reflexivpronomen der 3. Pers. in einem AcI, so bezieht es sich in der Regel auf das Subjekt des Satzes.

Etiam dominus ***eum*** servum bonum esse putat.
Auch sein Herr meint, dass *er / dieser (Balbus)* ein guter Sklave ist.

Formen des Pronomens is in einem AcI beziehen sich auf eine andere bereits genannte Person oder Sache bzw. andere bereits genannte Personen oder Sachen.

T Pronomina als Konnektoren

Eine einfache Aneinanderreihung von Sätzen kann bereits einen Text ergeben.
Oft fügt man jedoch **Konnektoren** (Bindewörter) ein, die den gedanklichen Zusammenhang und die Abfolge der Handlungen verdeutlichen; dadurch wird der Text leichter verständlich.

Solche Konnektoren können z. B. gleichartige Gedanken oder Handlungsschritte miteinander verbinden, die Handlung zeitlich gliedern, eine Begründung anführen oder einen Gegensatz einleiten (vgl. 8 **M 1**).

Als Konnektoren fungieren aber auch **Pronomina**, die für eine bereits genannte Person (oder Sache) stehen, z. B. is (dieser, er), qui (rel. Satzanschluss).

Konnektoren verdienen schon beim ersten Durchlesen eines Textes besondere Beachtung, da sie wesentliche Hinweise geben, wie der Text inhaltlich gegliedert ist.

W

sōlum	nur	**tamen**	dennoch, jedoch
terrēre	erschrecken	**superāre**	besiegen, übertreffen
cupere	verlangen, wünschen, wollen	**pecūnia**	Geld, Vermögen
studēre	sich (wissenschaftlich) beschäftigen, sich bemühen (um), streben (nach)	**surgere**	aufstehen, sich erheben
		dēspērāre	die Hoffnung aufgeben, verzweifeln

āter, ātra, ātrum	schwarz, düster	
cēterī, ae, a	die Übrigen	etc. (et cetera)
nauta *m*	Seemann, Matrose	Astro-naut
quiēscere, quiēscō, quiēvī	(aus)ruhen; schlafen	
neque ... neque	weder ... noch	
ventus	Wind	Ventil, Ventilator
adversus, a, um	entgegengesetzt, feindlich	
mare, maris *n (Abl. Sg.* **-ī**; *Nom./Akk. Pl.* **-ia**; *Gen. Pl.* **-ium**)	Meer	Marine, maritim, f. mer
turbāre, turbō	durcheinanderbringen, stören	e. to trouble
unda	Welle, Gewässer	f. onde
sedēre, sedeō, sēdī	sitzen	e. to sit
observāre, observō	beobachten	f. observer
in tūtō	in Sicherheit	
fīnis, is *m (Gen. Pl.* **-ium**)	Grenze, Ende; Ziel, Zweck; *Pl.* Gebiet	Finale, final
dēsīderāre, dēsīderō *m. Akk.*	sich sehnen nach, vermissen	Desiderat, Désirée
celeritās, celeritātis *f*	Schnelligkeit	Ak-zeleration
volāre, volō	fliegen; eilen	Voliere
pīrāta *m*	Pirat, Seeräuber	
armātus, a, um	bewaffnet	
scelerātus, a, um	verbrecherisch, schändlich; *Subst.* Verbrecher	
trahere, trahō, trāxī	ziehen, schleppen	Traktor
obscūrus, a, um	dunkel, unbekannt	obskur, e. obscure
intus *Adv.*	im Inneren, innen	
captīvus, a, um	gefangen; *Subst.* (Kriegs-)Gefangener	e. captive
pariter *Adv.*	ebenso, gleichzeitig	
quotiēns	wie oft, so oft	Quotient
modo *Adv.*	eben (noch)	
at	aber, jedoch, dagegen	
ō nōs miserōs	Ach, wir Armen / Unglücklichen!	

Neptūnus	Neptun (Gott des Meeres)

F Verben: Imperfekt (1. Vergangenheit)

	Sg.	Pl.	
1. Pers. 2. Pers. 3. Pers.	**vocā-ba-m** **vocā-bā-s** **vocā-ba-t**	**vocā-bā-mus** **vocā-bā-tis** **vocā-ba-nt**	ā-Konjugation
1. Pers.	**monē-ba-m**	usw.	ē-Konjugation
1. Pers.	**audi-ēba-m**	usw.	ī-Konjugation
1. Pers.	**ag-ēba-m** **faci-ēba-m**	usw. usw.	kons. Konjugation
1. Pers.	**er-a-m**	usw.	Hilfsverb

Imperfekt zu **posse:** pot-eram, pot-eras usw.
Imperfekt zu **velle:** vol-eba-m, vol-eba-s usw.

Mit Ausnahme der 1. Pers. Sg., die auf **-m** endet (vgl. sum), sind alle Personalendungen gegenüber dem Präsens unverändert.

Tempuszeichen für das Imperfekt ist -ba- bzw. -ēba-.

Vollständige Tabellen befinden sich im Tabellarium, S. 162 und S. 76 f.

S Verwendung des Imperfekts

Wie im Deutschen und Englischen kommen auch im Lateinischen drei verschiedene **Tempora** (Zeiten) für Handlungen oder Vorgänge in der Vergangenheit vor. Sie heißen:

lateinisch	deutsch	englisch
Imperfekt	Präteritum / Imperfekt	*Past (Tense)*
Perfekt	Perfekt	*Present Perfect*
Plusquamperfekt (vgl. 22 **S 1**)	Plusquamperfekt	*Past Perfect*

Diese Vergangenheitstempora werden in den drei Sprachen zum Teil unterschiedlich verwendet.

Das **lateinische Imperfekt** bezeichnet vor allem

- Zustände oder den Hintergrund zu einer Handlung in der Vergangenheit:

  Romani in itineribus pericula timebant;
  itaque Lucius cum Tito amico iter fecit.
  Die Römer fürchteten auf Reisen Gefahren;
  daher unternahm Lucius zusammen mit seinem Freund Titus die Reise.

- wiederholte Handlungen oder Ereignisse in der Vergangenheit:

  Populus Romanus iterum atque iterum bella gerebat.
  Das römische Volk führte immer wieder Kriege.

M 1 Texte erschließen: Tempusrelief ermitteln

Die Verwendung unterschiedlicher Tempora in den Hauptsätzen eines Textes ergibt ein sog. Tempusrelief. Dieses gibt Hinweise für das Verständnis eines Textes.

Das **Präsens** bezeichnet meist gegenwärtige Handlungen oder allgemeingültige Feststellungen. In Erzählungen und Schilderungen wird das Präsens – wie im Deutschen oder Englischen – auch dazu verwendet, ein Geschehen der Vergangenheit (z. B. auf dem Höhepunkt der Handlung) anschaulicher und spannender zu gestalten (vgl. 19 **T**). Man nennt diese Verwendungsweise **historisches** (oder **szenisches**) **Präsens**.

Das **Imperfekt** bezeichnet vor allem Vorgänge, die die Haupthandlung begleiten oder erläutern; auch Hintergrundinformationen stehen im Imperfekt.

Das **Perfekt** wird verwendet, um die einzelnen Etappen der Haupthandlung zu bezeichnen; es ist im Lateinischen vor allem das Erzähltempus und entspricht damit weitgehend dem Präteritum / Imperfekt im Deutschen (vgl. auch 11 **S**).

M 2 Wörter wiederholen: vergessene Vokabeln sichern

Vielleicht hast du beim Übersetzen schon festgestellt, dass dir nicht mehr alle Vokabeln einfallen, die du vor längerer Zeit gelernt und gekonnt hast. Hier lässt sich grundsätzlich auf zwei verschiedene Arten Abhilfe schaffen:

a) Einerseits solltest du die alten Vokabeln **systematisch** sichern, also kapitelweise wiederholen. Teile dir z. B. für die Tage bis zur nächsten Prüfungsarbeit die **Kapitel** so ein, dass du alle schaffst. Schreibe bei der Wiederholung die Wörter heraus, die du nicht weißt, – z. B. in ein eigens dafür angelegtes **Vokabelheft** – und übe sie gezielt.

b) Eine zweite Möglichkeit, die du unbedingt nutzen solltest, ist die Sicherung von Vokabeln an der Stelle, an der du sie für die Übersetzung eines Textes brauchst.
Wenn du nämlich den Textzusammenhang kennst, merkst du dir ein Wort leichter als isoliert.
Du solltest die in jedem Kapitel abgedruckten **Wiederholungswörter** nutzen. Dort finden sich wichtige Vokabeln von **T**, die vor längerer Zeit gelernt wurden.
Vor allem aber solltest du es dir zur Regel machen, jedes Wort, das du im Register nachschlagen musst, in dein **Vokabelheft** zu notieren und zu lernen.
So füllt sich dein Vokabelheft im Laufe der Zeit mit „Problemwörtern" aus beiden Arten der Wiederholung, die du gezielt üben kannst.

Ein Wiederholungsplan könnte so aussehen:

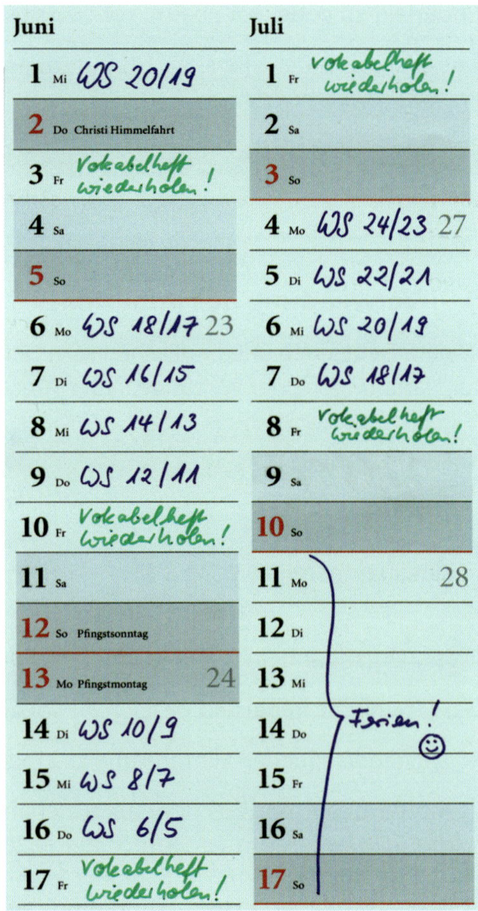

Sprache vergleichend betrachten

Beim **französischen Infinitiv** wird das lateinische -are zu -er (Aussprache: ē).
Viele Verben der lateinischen ī-Konjugation (-ire) enden im Französischen auf -ir.
Bilde demnach die französischen Infinitive zu portare, narrare, liberare, venire und sentire.
Welche lateinischen Infinitive stecken in *f. interroger* und in *f. aimer*?

W

necāre	töten	**virtūs**	Tapferkeit, Tüchtigkeit, Vortrefflichkeit, Leistung
sūmere	nehmen		
calamitās	Unglück, Niederlage, Schaden	**inimīcus**	feindlich; Feind
adulēscēns	junger Mann	**manifestus**	offenkundig; überführt

īre, eō, iī	gehen	
celer, celeris, celere	schnell	
fortis, e	tapfer, kräftig	f. fort
adīre, adeō, adiī *m. Akk.*	herantreten (an), bitten	
īnstāre, īnstō, īnstitī	bevorstehen, hart zusetzen	Instanz
omnis, e	ganz, jeder; *Pl.* alle	Omnibus, omni-potent
classis, classis *f (Gen. Pl.* **-ium***)*	Flotte; Abteilung	Klasse, e. class, f. classe
cingere, cingō, cīnxī	umgeben, umzingeln	
perīre, pereō, periī	zugrunde gehen, umkommen	e. to perish
periī	ich bin verloren	
trānsīre, trānseō, trānsiī	hinübergehen, überschreiten	Transit, transitiv
ēicere, ēiciō, ēiēcī	hinauswerfen, vertreiben	„EJECT"
inīre, ineō, iniī	hineingehen; beginnen	
praeda	Beute	
regere, regō, rēxī	lenken, leiten; beherrschen	regieren, Regent, Rektor
facilis, e	leicht (zu tun)	e./f. facile
nōbilis, e	adelig, berühmt, vornehm	nobel, e. noble
fugere, fugiō, fūgī *m. Akk.*	fliehen (vor), meiden	
fortūna	Glück, Schicksal	e./f. fortune
fallere, fallō, fefellī	täuschen, betrügen	
grātus, a, um	dankbar, willkommen, beliebt	gratulieren, e. grateful
probus, a, um	anständig, gut	
dēserere, dēserō, dēseruī	im Stich lassen, verlassen	desertieren, e. desert

cōnsistere, cōnsistō, **cōnstitī**	haltmachen, sich aufstellen	

Fortūna	Fortuna (Schicksalsgöttin)	

26

Fortleben des Lateinischen erkennen

Einige **lateinische Verben – in den modernen Fremdsprachen** in gleicher Bedeutung:

venire	*i. venire*	*s. venir*	*f. venir*	
sentire	*i. sentire*	*s. sentir*	*f. sentir*	
narrare	*i. narrare*	*s. narrar*	*f. narrer*	
perire	*i. perire*	*s. perecer*	*f. périr*	*e. to perish*
desiderare	*i. desiderare*	*s. desear*	*f. désirer*	*e. to desire*

F 1 Adjektive der 3. Deklination (zweiendige und dreiendige)

a) Zweiendige Adjektive

Beispiel: **fortis** *(m)* **fortis** *(f)* **forte** *(n)* tapfer

	Sg. *m/f*		Sg. *n*	Pl. *m/f*		Pl. *n*
Nom.	**fort-is**		**fort-e**	**fort-ēs**		**fort-ia**
Gen.		**fort-is**			**fort-ium**	
Dat.		**fort-ī**			**fort-ibus**	
Akk.	**fort-em**		**fort-e**	**fort-ēs**		**fort-ia**
Abl.		**fort-ī**			**fort-ibus**	

b) Dreiendige Adjektive

Beispiel: **celer** *(m)* **celeris** *(f)* **celere** *(n)* schnell

	Sg. *m*	Sg. *f*	Sg. *n*	Pl. *m*	Pl. *f*	Pl. *n*
Nom.	**celer**	**celer-is**	**celer-e**	**celer-ēs**	**celer-ēs**	**celer-ia**
Gen.		**celer-is**			**celer-ium**	
Dat.		**celer-ī**			**celer-ibus**	
Akk.	**celer-em**	**celer-em**	**celer-e**	**celer-ēs**	**celer-ēs**	**celer-ia**
Abl.		**celer-ī**			**celer-ibus**	

F 2 Verben: ire

a) Infinitiv Präsens: **ī-re** gehen

b) Tempusformen

	Präsens Sg.	Präsens Pl.	Imperfekt Sg.		Perfekt Sg.	Perfekt Pl.
1. Pers.	**e-ō**	**ī-mus**	**ī-ba-m**	usw.	**i-ī**	**i-imus**
2. Pers.	**ī-s**	**ī-tis**			**īstī**	**īstis**
3. Pers.	**i-t**	**e-u-nt**			**i-it**	**i-ērunt**

c) Imperativ **ī** geh! **ī-te** geht!

Der Präsensstamm besteht allein aus dem Vokal **i-**, der vor dunklen Vokalen zu **e-** wird. Ansonsten sind die Formen regelmäßig.

Der Perfektstamm, der ebenfalls i- lautet, wird manchmal mit dem folgenden -i- der Endung verschmolzen. Der Infinitiv Perfekt lautet **īsse**.

W

gerere	ausführen, führen, tragen	**cōnsilium**	Beratung, Beschluss, Plan, Rat
vestis	Kleid, Kleidung	**capere**	fassen, nehmen; erobern
accēdere	herbeikommen, hinzukommen	**iubēre**	anordnen, befehlen
mittere	(los)lassen, schicken, werfen	**properāre**	eilen, sich beeilen
terrēre	erschrecken		

libēns, libentis	gern	
dōnāre, dōnō	schenken, beschenken	
locus	Ort, Platz, Stelle	Lokal, lokal, Lokalisation
tam	so	
sē gerere	sich verhalten	
fātum	Schicksal, Göttterspruch	fatal, e. fate
iūcundus, a, um	angenehm, erfreulich	
posterī, posterōrum *m Pl.*	die Nachkommen	
illīc *Adv.*	dort	
pius, a, um	fromm, gerecht, pflichtbewusst	Pietät, Pius, Pia
fuga	Flucht	Fuge, Refugium
regiō, regiōnis *f*	Gebiet, Gegend, Richtung	Region, regional, e. region
lītus, lītoris *n*	Küste, Strand	Lido
iubēre, iubeō, **iussī** *(m. Akk.)*	anordnen, befehlen	
flectere, flectō, flexī	biegen, (hin)lenken, umstimmen	flektieren, Flexion, flexibel
temptāre, temptō	angreifen; versuchen, prüfen	e. temptation
turpis, e	(sittlich) schlecht, hässlich, schändlich	
crūdēlis, e	grausam	e./f. cruel
dolus	List, Täuschung	
trīstis, e	traurig, unfreundlich	trist, f. triste
adicere, adiciō, adiēcī	hinzufügen	Adjektiv
nimis *Adv.*	(all)zu, (all)zu sehr	
crēdere, crēdō, **crēdidī**	anvertrauen, glauben	
gravis, e	schwer	gravierend, Gravitation
prōmittere, prōmittō, prōmīsī	versprechen	e. to promise, f. promettre
sponte meā (tuā, suā)	freiwillig, aus eigener Kraft, von selbst	spontan, e. spontaneous
dēsinere, dēsinō, dēsiī	aufhören	

Aenēās, Aenēae *m*	Äneas (trojanischer Held, Stammvater der Römer)
Anchīsēs, Anchīsae *m*	Anchises (Vater des Äneas)
Ascanius	Askanius (Sohn des Äneas)
Mercurius	Merkur (der Götterbote)
Pūnicus, a, um	phönizisch, punisch

Fortsetzung →

Didō, Didōnis *f*	Dido (Königin von Karthago)
Carthāgō, Carthāginis *f*	Karthago (Stadt in Nordafrika)
Trōia	Troja (Stadt in Kleinasien; wurde im Trojanischen Krieg von den Griechen erobert)

F 1 Verben: Plusquamperfekt (3. Vergangenheit)

	Sg.	
1. Pers.	**vocā-v-era-m**	ich hatte gerufen
	mon-u-era-m	ich hatte ermahnt
	mān-s-era-m	ich war geblieben
	dēfend-era-m	ich hatte verteidigt
	cucurr-era-m	ich war gelaufen
	vēn-era-m	ich war gekommen
	fu-era-m	ich war gewesen

Die Formen des Plusquamperfekts bestehen bei allen Verben aus dem Perfektstamm, dem Kennzeichen **-era-** und den Imperfekt-Endungen.

Vollständige Tabellen befinden sich im Tabellarium, S. 164 f., und S. 76 f.

F 2 Adverbbildung

Es gibt Wörter, die nur als Adverbien vorkommen (z. B. nunc, hodie), sowie Adverbien, die von Adjektiven gebildet werden.

improb-ē	unanständig
celer-iter	schnell
vehement-er	heftig

Adverbien werden gebildet, indem die folgenden Endungen an den Wortstamm angefügt werden:

- bei Adjektiven der a- und o-Deklination **-e**,
- bei Adjektiven der 3. Deklination **-iter**.
  Endet der Wortstamm auf -nt, wird nur **-er** angefügt.

Die Formen des Adverbs werden nicht gebeugt.

S 1 Verwendung des Plusquamperfekts

Servus fures viderat. Itaque ad dominum cucurrit.
Der Sklave hatte die Diebe gesehen. Deshalb lief er zu seinem Herrn.

Servus ad dominum cucurrit, quia fures viderat.
Der Sklave lief zu seinem Herrn, weil er die Diebe gesehen hatte.

Das Plusquamperfekt wird im Lateinischen ebenso verwendet wie das Plusquamperfekt im Deutschen und das Past Perfect im Englischen: Es bezeichnet einen Vorgang der Vergangenheit, der zeitlich vor einem anderen – ebenfalls vergangenen – Vorgang liegt (Vorvergangenheit).

S 2 Adverb als Adverbiale

equus celer	Equus celer est.	Equus celeriter currit.
das schnelle Pferd	Das Pferd ist schnell.	Das Pferd läuft schnell.

Während das Adjektiv als Attribut oder Prädikatsnomen (vgl. 13 **S 2** und **3**) ein Substantiv näher bestimmt, informiert das **Adverb** über die näheren Umstände des Verbalinhalts (Ad-verb).

Adverbien haben die Satzgliedfunktion des Adverbiales.
Sie sind keine notwendigen Bestandteile des Satzes.
Von Adjektiven abgeleitete Adverbien geben gewöhnlich an, wie etwas geschieht.
Wir fragen „auf welche Art und Weise?“.

Subjekt —— Prädikat
Equus currit
Adverbiale
celeriter

Andere Adverbien (z. B. ibi, tum, itaque) können – wie auch ein Gliedsatz (vgl. 17 **S 2**) oder ein Präpositionalausdruck (vgl. z. B. 3 **S 2**) – Aufschluss über Ort, Zeit oder Grund eines Geschehens geben.

M Wortschatz erweitern: Wortbildungselemente nutzen (Adjektive)

Auch beim Erlernen von Adjektiven kann die Wortbildung helfen.
Die folgenden geläufigen Suffixe solltest du dir einprägen:

Suffix	Beispiel	abgeleitet von	
-ius	regius, a, um	rex	Herkunft oder Zugehörigkeit
-osus	gloriosus, a, um	gloria	Fülle
-alis	mortalis	mors, mortis	Eigenschaft
-idus	cupidus	cupere	Eigenschaft
-bilis	amabilis	amare	Möglichkeit oder Eigenschaft

Formenbildung vergleichen

Lateinische **Adjektive** und **Adverbbildung** – vergleiche das **Französische**:

gravis – grav-*iter*	*f.* grave – grave-*ment*
crudelis – crudel-*iter*	*f.* cruel – cruelle-*ment*
fortis – fort-*iter*	*f.* fort – forte-*ment*

W

capere	fassen, nehmen; erobern kons. mit „i"	**classis**	Flotte, Abteilung
superāre	besiegen, übertreffen a-konj.	**vincere**	(be)siegen, übertreffen kons.
fugere	fliehen (vor), meiden kons. mit „i"	**armātus**	bewaffnet a-konj.
dēfendere	verteidigen, abwehren, schützen kons.	**complēre**	anfüllen, erfüllen e-konj.
nāvis	Schiff	**proelium**	Kampf, Schlacht

lēgātiō, lēgātiōnis *f*	Gesandtschaft	De-legation, e. delegation
lēgātus	Gesandter, Bevollmächtigter	Legat
sacerdōs, sacerdōtis *m/f*	Priester(in)	
cīvitās, cīvitātis *f*	Bürgerrecht; Gemeinde, Staat	e. city, f. cité
quandō?	wann?	f. quand?
tandem *im Aussagesatz*	endlich;	
im Fragesatz	denn eigentlich	
superbia	Stolz, Überheblichkeit	
facere fīnem *m. Gen.*	beenden, aufhören (mit) kons. mit „i"	
sortem dare !	einen Orakelspruch geben a-konj.	
supplicium	flehentliches Bitten; Strafe, Hinrichtung	
ōrāculum	Orakel, Götterspruch, Orakelstätte	e./f. oracle
aliter *Adv.*	anders, sonst	
exīre, exeō, exiī	herausgehen unreg. konj.	„Exit"
redīre, redeō, rediī	zurückgehen, zurückkehren unreg. konj.	
anteā *Adv.*	vorher, früher	
aedificāre, aedificō	bauen a-konj.	f. édifier
cūra	Sorge, Pflege	Kur
intellegere, intellegō, intellēxī	(be)merken, verstehen kons.	Intellekt, intelligent
ac (~ atque)	und, und auch	
glōria	Ehre, Ruhm	e. glory, f. gloire
cōnfirmāre, cōnfirmō	bekräftigen, ermutigen, stärken	Konfirmation, e. to confirm a-konj.
statuere, statuō, statuī	aufstellen, beschließen, festsetzen	statuieren, Statut kons.
prōspicere, prōspiciō, **prōspexī**	schauen auf, sehen, vorhersehen	Prospekt kons.
audire	- hören	i-konj
Delphī, Delphōrum *m Pl.*	Delphi (berühmte Orakelstätte des Apollo in Griechenland)	
Delphōs	nach Delphi	
Apollō, Apollinis *m*	Apollo (Gott des Lichtes, der Künste und der Weissagung)	
Pythia	Pythia (Priesterin, durch die Apollo zu den Fragestellern sprach)	
Mārs, Mārtis *m*	Mars (Gott des Krieges)	
Themistoclēs, is *m*	Themistokles (athenischer Staatsmann und Feldherr)	

Komposita zusammenstellen

adire — transire — redire
ire
inire — perire — exire

F Verben: Futur

	Sg.	Pl.	
1. Pers.	**vocā-b-ō**	**vocā-bi-mus**	ā-Konjugation
2. Pers.	**vocā-bi-s**	**vocā-bi-tis**	
3. Pers.	**vocā-bi-t**	**vocā-bu-nt**	
1. Pers.	**monē-b-ō**	usw.	ē-Konjugation

Das Tempuszeichen für das Futur der ā- und ē-Konjugation ist **-b-** bzw. **-bi-** oder **-bu-** .
Die Formen von **ire** lauten: ibo, ibis usw.

	Sg.	Pl.	
1. Pers.	**audi-a-m**	**audi-ē-mus**	ī-Konjugation
2. Pers.	**audi-ē-s**	**audi-ē-tis**	
3. Pers.	**audi-e-t**	**audi-e-nt**	
1. Pers.	**ag-a-m**		kons. Konjugation
2. Pers.	**ag-ē-s**	usw.	
1. Pers.	**capi-a-m**		
2. Pers.	**capi-ē-s**	usw.	

Das Tempuszeichen für das Futur der ī- und der konsonantischen Konjugation ist **-e-** .
Eine Ausnahme bildet die 1. Pers. Sg., die auf -a-m endet.

Die Formen von **velle** lauten: volam, voles, volet usw.

	Sg.	Pl.	
1. Pers.	**er-ō**	**er-i-mus**	Hilfsverb
2. Pers.	**er-i-s**	**er-i-tis**	
3. Pers.	**er-i-t**	**er-u-nt**	

Die Formen von **posse** lauten: pot-ero, pot-eris usw.

Vollständige Tabellen befinden sich im Tabellarium, S. 162, und S. 76 f.

S Verwendung des Futurs

Das Futur hat im Lateinischen die gleiche Funktion wie im Deutschen oder Englischen. Es bezeichnet ein Geschehen, das aus der Sicht des Sprechers in der Zukunft eintreten oder fortdauern wird.

Postea patrem videbo.
Nachher werde ich meinen Vater sehen. (Nachher sehe ich meinen Vater.)
Afterwards I will see my father.

Während das Futur im Lateinischen und im Englischen zur Bezeichnung künftiger Handlungen (oder Zustände) immer verwendet wird, kann im Deutschen im Zusammenhang mit entsprechenden Zeitangaben (z. B. nachher, morgen) auch das Präsens auftreten.

Übersicht: Verben (Tempora im Aktiv)

Verben nach Konjugationen

Präsensstamm

	ā-Konjugation		ē-Konjugation		ī-Konjugation	
Infinitiv	vocā-re		monē-re		audī-re	
Präsens Gegenwart	Sg.	Pl.	Sg.	Pl.	Sg.	Pl.
1. Pers.	vocō	vocā-mus	mone-ō	monē-mus	audi-ō	audī-mus
2. Pers.	vocā-s	vocā-tis	monē-s	monē-tis	audī-s	audī-tis
3. Pers.	voca-t	voca-nt	mone-t	mone-nt	audi-t	audi-u-nt
Imperfekt Vergangenheit (ich ging)						
1. Pers.	vocā-ba-m	vocā-bā-mus	monē-ba-m	monē-bā-mus	audi-ēba-m	audi-ēbā-mus
2. Pers.	vocā-bā-s	vocā-bā-tis	monē-bā-s	monē-bā-tis	audi-ēbā-s	audi-ēbā-tis
3. Pers.	vocā-ba-t	vocā-ba-nt	monē-ba-t	monē-ba-nt	audi-ēba-t	audi-ēba-nt
Futur Zukunft						
1. Pers.	vocā-b-ō	vocā-bi-mus	monē-b-ō	monē-bi-mus	audi-a-m	audi-ē-mus
2. Pers.	vocā-bi-s	vocā-bi-tis	monē-bi-s	monē-bi-tis	audi-ē-s	audi-ē-tis
3. Pers.	vocā-bi-t	vocā-bu-nt	monē-bi-t	monē-bu-nt	audi-e-t	audi-e-nt
Imperativ						
	vocā	vocā-te	monē	monē-te	audī	audī-te

Perfekstamm

	Sg.	Pl.
Infinitiv Grundform	vocāv-isse	
Perfekt (Ich bin gegangen)	Sg.	Pl.
1. Pers.	vocāv-ī	vocāv-imus
2. Pers.	vocāv-istī	vocāv-istis
3. Pers.	vocāv-it	vocāv-ērunt
Plusquamperfekt ge- (ich hatte gelobt)		
1. Pers.	vocāv-eram	vocāv-erāmus
2. Pers.	vocāv-erās	vocāv-erātis
3. Pers.	vocāv-erat	vocāv-erant

Arten der Perfektbildung:

-v-	vocāre
-u-	tacēre
-s-	manēre
	dūcere
Reduplikation	currere
Dehnung	vidēre
ohne Stammveränderung	dēfendere

konsonantische Konjugation				Hilfsverb	
ag-ĕ-re		capĕ-re		esse	
Sg.	Pl.	Sg.	Pl.	Sg.	Pl.
ag-ō ag-i-s ag-i-t	ag-i-mus ag-i-tis ag-u-nt	capi-ō capi-s capi-t	capi-mus capi-tis capi-u-nt	s-u-m es es-t	s-u-mus es-tis s-u-nt
ag-ēba-m ag-ēbā-s ag-ēba-t	ag-ēbā-mus ag-ēbā-tis ag-ēba-nt	capi-ēba-m capi-ēbā-s capi-ēba-t	capi-ēbā-mus capi-ēbā-tis capi-ēba-nt	er-a-m er-ā-s er-a-t	er-ā-mus er-ā-tis er-a-nt
ag-a-m ag-ē-s ag-e-t	ag-ē-mus ag-ē-tis ag-e-nt	capi-a-m capi-ē-s capi-e-t	capi-ē-mus capi-ē-tis capi-e-nt	er-ō er-i-s er-i-t	er-i-mus er-i-tis er-u-nt
ag-e	ag-i-te	cape	capi-te	es	es-te

vocō	vocāvī
taceō	tacuī
maneō	mānsī
dūcō	dūxī
currō	cucurrī
videō	vīdī
dēfendō	dēfendī

fu-isse	
Sg.	Pl.
fu-ī fu-istī fu-it	fu-imus fu-istis fu-ērunt
fu-eram fu-erās fu-erat	fu-erāmus fu-erātis fu-erant

W

senex	Greis, alter Mann	**iubēre**	anordnen, befehlen
gerere	ausführen, führen, tragen	**deinde**	dann, darauf
excitāre	erregen, ermuntern, wecken	**sīgnum**	Merkmal, Zeichen
iterum	wiederum	**locus**	Ort, Platz, Stelle
līberāre	befreien, freilassen	**equidem**	(ich) allerdings, freilich

salūtem dīcere *m. Dat.*	jdn. grüßen	
incrēdibilis, e	unglaublich	e. incredible, f. incroyable
antīquus, a, um	alt, altertümlich	antik, Antiquität, e. antique
tempus, temporis *n*	(günstige) Zeit; *Pl.* Umstände	Tempo, Extemporale, e. tense
amplus, a, um	weit, groß, bedeutend	Amplitude, e. ample
nocturnus, a, um	nächtlich	Nokturne, f. nocturne
ferrum	Eisen, Waffe	f. fer
vinculum	Band, Fessel; *Pl.* Gefängnis	
mox *Adv.*	bald, dann	
īgnōtus, a, um	unbekannt	e. unknown
mōnstrum	Wunderzeichen; Ungeheuer, Gespenst	monströs, e. monster, f. monstre
quondam *Adv.*	einst, einmal; manchmal	
philosophus	Philosoph	
perturbāre, perturbō	in Verwirrung bringen	e. to trouble
perterrēre, perterreō, perterruī	sehr erschrecken, einschüchtern	
condūcere, condūcō, condūxī	zusammenführen; anwerben, mieten	e. to conduct
silentium	Schweigen, Stille	e./f. silence
movēre, moveō, mōvī	bewegen	Motiv, Motor, e. to move
tenebrae, tenebrārum *f Pl.*	Dunkelheit, Finsternis	f. ténèbres
prōcēdere, prōcēdō, prōcessī	(vorwärts)gehen, vorrücken	Prozession, Prozess
abesse, absum, āfuī	abwesend sein, fehlen	absent, Absentenheft
abīre, abeō, abiī	weggehen	Abitur, Abiturient
invenīre, inveniō, invēnī	finden, erfinden	Inventur, Inventar
sinere, sinō, sīvī	lassen, erlauben	
līber, lībera, līberum	frei	Liberalismus, liberal, f. libre
fābula	Geschichte, Erzählung, Theaterstück	Fabel, fabelhaft
mīrus, a, um	wunderbar, erstaunlich	Mirakel, „Mirácoli"
commovēre, commoveō, commōvī	bewegen, veranlassen	

tālis, e	derartig, ein solcher, so (beschaffen)
permovēre, permoveō, permōvī	beunruhigen, veranlassen
valē	leb wohl!

Athēnīs	in Athen
Athēnās	nach Athen

F Verben: Passiv (Präsens, Imperfekt, Futur)

Die Passivformen von **Präsens**, **Imperfekt** und **Futur** werden aus den gleichen Bauelementen wie die Aktivformen gebildet, nämlich aus

- dem Präsensstamm,
- dem Tempuszeichen (im Imperfekt und Futur) und
- der Personalendung.

Die Aktiv- und Passivformen unterscheiden sich nur durch die Personalendung.

a) Infinitiv Präsens

vocā-**rī**	gerufen (zu) werden	Die Endungen der Infinitive lauten in der ā-, ē- und ī-Konjugation **-rī**, in der kons. Konjugation **-ī**.
ag-**ī**	getrieben (zu) werden	

b) Präsens

	Sg.		Pl.		
1. Pers.	**voc-or**	ich werde gerufen	**vocā-mur**	wir werden gerufen	ā-Konjugation
2. Pers.	**vocā-ris**		**vocā-minī**		
3. Pers.	**vocā-tur**		**voca-ntur**		
1. Pers.	**mone-or**	ich werde gemahnt	usw.		ē-Konjugation
1. Pers.	**audi-or**	ich werde gehört	**audī-mur**	wir werden gehört	ī-Konjugation
2. Pers.	**audī-ris**		**audī-minī**		
3. Pers.	**audī-tur**		**audi-u-ntur**		
1. Pers.	**ag-or**	ich werde getrieben	**ág-i-mur**	wir werden getrieben	kons. Konjugation
2. Pers.	**ág-e-ris**		**ag-i-minī**		
3. Pers.	**ág-i-tur**		**ag-u-ntur**		
1. Pers.	**capi-or**	ich werde ergriffen	**cápi-mur**	wir werden ergriffen	
2. Pers.	**cápe-ris**		**capi-minī**		
3. Pers.	**cápi-tur**		**capi-u-ntur**		

c) Imperfekt

1. Pers.	vocā-ba-r	ich wurde gerufen	usw.	ā-Konjugation
1. Pers.	monē-ba-r	ich wurde gemahnt	usw.	ē-Konjugation
1. Pers.	audi-ēba-r	ich wurde gehört	usw.	ī-Konjugation
1. Pers.	ag-ēba-r	ich wurde getrieben	usw.	kons.
1. Pers.	capi-ēba-r	ich wurde ergriffen	usw.	Konjugation

d) Futur

	Sg.		Pl.		
1. Pers.	vocā-b-or	ich werde gerufen werden	vocā-bi-mur	wir werden gerufen werden	ā-Konjugation
2. Pers.	vocā-be-ris		vocā-bi-minī		
3. Pers.	vocā-bi-tur		vocā-bu-ntur		
1. Pers.	monē-b-or		usw.		ē-Konjugation
1. Pers.	audi-a-r	ich werde gehört werden	audi-ē-mur	wir werden gehört werden	ī-Konjugation
2. Pers.	audi-ē-ris		audi-ē-minī		
3. Pers.	audi-ē-tur		audi-e-ntur		
1. Pers.	ag-a-r		usw.		kons. Konjugation
2. Pers.	capi-a-r		usw.		

Vollständige Tabellen befinden sich im Tabellarium, S. 163.

S Verwendung des Passivs

Nuntius dominum terret.
Die Nachricht erschreckt den Herrn.

Dominus nuntio terretur.
Der Herr wird durch die Nachricht erschreckt.

Neben den aktiven Verbformen, die angeben, was ein Subjekt tut, gibt es zu den transitiven Verben passive Formen, die angeben, dass jemand / etwas eine Handlung „erleidet" (Passiv – „Leideform"). Das Passiv wird dann verwendet, wenn nicht der Urheber einer Handlung, sondern ein Vorgang oder Geschehen betont werden soll.
Als Oberbegriff für Aktiv und Passiv verwendet man die Bezeichnung **Genus verbi** (oder: Diathese).

M1 Formen unterscheiden: das Hilfsverb „werden"

Das Hilfsverb „werden" wird im Deutschen zur Bildung unterschiedlicher Formen verwendet:

Er	**wird** „werden"	**angreifen.** + Infinitiv Präsens	→ Futur Aktiv
Er	**wird** „werden"	**an*ge*griff*en*.** + Partizip II	→ Präsens Passiv

Im Deutschen werden die Formen des Partizip II unterschiedlich gebildet, vgl. z.B. an-*ge*-griff-*en*, *ge*-lauf-*en*, *ge*-lach-*t*, verhinder-*t*, behaupt-*et*.

Im Lateinischen musst du zur Unterscheidung von Futur Aktiv und Präsens Passiv genau auf die Tempuszeichen und Endungen achten:

tempta-bi-t er wird angreifen
tempta-tur er wird angegriffen

Oft hilft dir aber der Satzzusammenhang:

Gladiator *bestiam* temptabit.	Der Gladiator wird das Tier angreifen.

Wenn von einem Prädikat ein Akkusativobjekt (hier: bestiam) abhängt, kann kein Passiv vorliegen.

Bestia *a gladiatore* temptatur.	Das Tier wird vom Gladiator angegriffen.

Wenn bei einem Prädikat eine handelnde Person mit der Präposition a / ab im Ablativ steht (hier: a gladiatore), liegt oft ein Passiv vor.

M 2 Texte erschließen: Textsorten beachten

Für das Erfassen der Thematik, des Inhalts und der Aussageabsicht eines Textes ist es auch wichtig zu wissen, welche Textsorte vorliegt. Die Merkmale, die für die einzelnen Textsorten typisch sind, helfen auch bei der Erschließung von Texten (vgl. 8 **M 1** e).

a) Die **Erzählung** oder **Schilderung** von – meist vergangenen – Ereignissen erfolgt oft in kunstvoll ausgestalteter Sprache: Typisch sind wörtliche Reden; oft wechseln auch kürzere Sätze mit Satzgefügen, in denen die Verwendung der Tempora und der Pronomina beachtet werden muss.
Außerdem treten häufig satzwertige Konstruktionen (z.B. AcI) auf.
Den gedanklichen Zusammenhang und die Abfolge der Handlungen bzw. Ereignisse versteht man leichter, wenn man auf die Wörter achtet, die die Sätze verbinden (die Konnektoren).
Diese Texte wollen meist unterhalten und ggf. zum Nachdenken anregen.

b) Bei einem **Dialog** sind vor allem die Teilnehmer und das Thema wichtig; je mehr Vorkenntnisse man darüber hat, umso besser versteht man die einzelnen Äußerungen.
Oft sind die Sätze relativ kurz und die Äußerungen nehmen auf vorher Gesagtes Bezug. Bei einem lebhaften Dialog ist mit einem schnellen Wechsel von Formen und Konstruktionen zu rechnen, d.h. auch mit Ausrufen, Aufforderungen und Fragen; man sollte also die Satzzeichen besonders beachten.
In der antiken Literatur passiert es nicht selten, dass einmal ein Gesprächspartner auch längere Ausführungen macht, um etwas sachlich genauer darzustellen oder um zu belehren.

c) Ein **Brief** ist manchmal nicht leicht zu verstehen, da er ein Teil einer Korrespondenz ist und somit Kenntnisse voraussetzt, die über den Text hinausgehen. Manchmal muss man also aus einer Antwort auf eine vorausgehende Frage schließen.
Die Inhalte von Briefen sind ganz vielfältig, es kommen Berichte und Beschreibungen ebenso vor wie Wünsche und Aufforderungen.
Es finden sich alle Personalendungen und Tempora, oft auch Imperative und Fragen.
Typisch sind in lateinischen Briefen Einleitungs- und Schlussformeln.

W

invenīre	finden, erfinden	**sacrum**	Opfer, Heiligtum
pulcher	schön	**negāre**	verneinen, leugnen; verweigern
aurum	Gold	**ostendere**	zeigen, darlegen
ōrnāre	schmücken	**gerere**	ausführen, führen, tragen
āra	Altar	**aperīre**	aufdecken, öffnen

fēmina	Frau	Femininum, feminin
mortālis, e	sterblich; *Subst.* Mensch	Salto mortale, e. mortal
complūrēs, complūra *(Gen.* **complūrium***)*	mehrere	
commovēre, commoveō, **commōtum**	bewegen, veranlassen	
nōmen, nōminis *n*	Name	Nomen, Pronomen, e. name
campus	Feld, freier Platz, Ebene	Camping, e./f. camp
mittere, mittō, mīsī, **missum**	(los)lassen, schicken, werfen	
capere, capiō, cēpī, **captum**	fassen, nehmen; erobern	
amor, amōris *m*	Liebe	f. amour
amōre captus	von Liebe ergriffen, verliebt	
religiō, religiōnis *f*	Glauben, (Gottes-)Verehrung, Frömmigkeit, Gewissenhaftigkeit; Aberglaube	Religion, e./f. religion
officium	Dienst, Pflicht(gefühl)	offiziell, offizier, e. office
permovēre, permoveō, permōvī, **permōtum**	beunruhigen, veranlassen	
pōnere, pōnō, posuī, positum	(auf)stellen, (hin)legen, setzen	Posten, Post, Position
supplex, supplicis	demütig bittend	
respicere, respiciō, respexī, respectum	zurückblicken; berücksichtigen	Respekt, e. respect
prex, precis *f*	Bitte; *Pl.* Gebet	e. prayer, f. prière
cīvis, cīvis *m (Gen. Pl.* **-ium***)*	Bürger	zivil, e. citizen, f. citoyen
paulātim *Adv.*	allmählich	
movēre, moveō, mōvī, **mōtum**	bewegen	Motiv, Motor
dēligere, dēligō, dēlēgī, dēlēctum	(aus)wählen	Delegierter
mandāre, mandō	einen Auftrag geben, übergeben	Mandant, kommandieren
īnstruere, īnstruō, īnstruxī, īnstrūctum	aufstellen, ausrüsten; unterrichten	Instruktion, Instrument, e. to instruct, f. instruire
annus	Jahr	Annuität, Anno Domini
augēre, augeō, auxī, auctum	vermehren, vergrößern	Auktion
parere, pariō, peperī, partum	zur Welt bringen; schaffen	
interficere, interficiō, interfēcī, interfectum	töten, vernichten	

agere, agō, ēgī, **āctum**	handeln, treiben, verhandeln
cēnsēre, cēnseō, cēnsuī, **cēnsum** *(m. Akk.)*	meinen, einschätzen; seine Stimme abgeben (für)
colere, colō, coluī, **cultum**	bewirtschaften, pflegen; verehren
dare, dō, dedī, **datum**	geben
dēbēre, dēbeō, dēbuī, **dēbitum**	müssen, sollen; schulden
habēre, habeō, habuī, **habitum**	haben, halten
legere, legō, **lēgī, lēctum**	lesen, auswählen
vidēre, videō, vīdī, **vīsum**	sehen; darauf achten

Augustus (Imperātor Caesar dīvī fīlius)	Augustus (herrschte 27 v.–14 n. Chr. als erster röm. Kaiser)
Venus, Veneris *f*	Venus (Göttin der Liebe)
Trōiānus, a, um	trojanisch; *Subst.* Trojaner
nympha	Nymphe (weibliche Naturgottheit, z. B. Baum-, Fluss- oder Quellnymphe)

F 1 Partizip Perfekt Passiv (PPP)

a) laudā-**tus** (gelobt) ā-Konjugation
audī-**tus** (gehört) ī-Konjugation

Bei einer Vielzahl von Verben (vor allem mit v-Perfekt) wird das PPP gebildet, indem **-tus, a, um** an den Präsensstamm angefügt wird.

b) Manchmal werden allerdings der Stamm oder die Fugenstelle lautlich verändert:

Infinitiv	Präsensstamm	Perfektstamm	PPP
monēre	**monē-**	**monu-**	**monitus**
colere	**col-**	**colu-**	**cultus**
mittere	**mitt-**	**mīs-**	**missus**

Bei solchen Verben muss man sich neben dem Infinitiv Präsens, der 1. Pers. Sg. Präs. Akt. und Perf. Akt. das PPP als vierte Form merken.
Diese vier Formen, die sogenannten **Stammformen**, sind die Grundlage für alle Formen, die von einem Verb gebildet werden können (vgl. S. 168 ff.).

Beispiel: agere agō ēgī āctum

c) bestia servata — bestiae servatae
das gerettete Tier — die geretteten Tiere

Das PPP wird dekliniert wie die Adjektive der a- und o-Deklination.
Es ist mit seinem Bezugswort nach der KNG-Regel kongruent.

F 2 Verben: Passiv (Perfekt, Plusquamperfekt)

a) Perfekt Passiv

vocātus sum — ich bin gerufen worden

	Sg.	Pl.
1. Pers.	**vocā-tus, a, um sum**	**vocā-tī, ae, a sumus**
2. Pers.	**vocā-tus, a, um es**	**vocā-tī, ae, a estis**
3. Pers.	**vocā-tus, a, um est**	**vocā-tī, ae, a sunt**

b) Plusquamperfekt Passiv

vocātus eram — ich war gerufen worden

1. Pers.	**vocā-tus, a, um eram**	usw.

Die Passivformen von Perfekt und Plusquamperfekt bestehen aus dem PPP und Formen des Hilfsverbs esse. Das Perfekt wird mit den Präsensformen von esse, das Plusquamperfekt mit den Imperfektformen von esse gebildet.

c) Infinitiv Perfekt Passiv

vocātum, am, um esse
vocātōs, ās, a esse — gerufen worden (zu) sein

S 1 Verwendung des Partizip Perfekt Passiv

a) Erscheinungsform

Nuntius Delphos missus templum intravit.
Der nach Delphi geschickte Bote betrat den Tempel.

Das PPP (hier: missus) steht in KNG-Kongruenz zu einem Nomen des Satzes (hier: nuntius); meistens bezieht es sich auf das Subjekt oder das Objekt.
Wegen dieser „Einbettung“ in das Satzganze wird es als **Participium coniunctum** (verbundenes Partizip) bezeichnet.

b) Das Participium coniunctum als satzwertige Konstruktion

Nuntius templum intravit: *Delphos missus erat.*	Nuntius *Delphos missus* templum intravit.
Der Bote betrat den Tempel: *Er war nach Delphi geschickt worden.*	Der *nach Delphi geschickte* Bote betrat den Tempel.

Wie den AcI (vgl. 12 **S** c) kann man auch das Participium coniunctum als einen eigenständigen Aussagesatz verstehen, der in einen anderen Satz „eingebettet“ wurde. Deshalb bezeichnet man das Participium coniunctum als **satzwertige Konstruktion**.

Diese Partizipialkonstruktion ist im Lateinischen sehr beliebt, da sie mit wenigen Worten viele Informationen liefern kann.
Da das PPP eine Verbform ist, wird es oft auch durch Adverbialien ergänzt.

c) Satzgliedfunktion

Die Partizipialkonstruktion Delphos missus kann als Attribut (zu nuntius) oder Adverbiale (zu intravit) aufgefasst werden.
Die Satzgliedfunktion und die Sinnrichtung der Partizipialkonstruktion sind also nicht festgelegt und müssen vom Leser aus dem Kontext erfasst werden.
Daher gibt es manchmal mehrere richtige Möglichkeiten der Wiedergabe.

d) Übersetzungsmöglichkeiten

	Nuntius Delphos missus templum intravit.
Als Attribut	
• wörtlich:	Der nach Delphi geschickte Bote betrat den Tempel. (Der Bote, nach Delphi geschickt, betrat den Tempel.)
• mit Relativsatz:	Der Bote, der nach Delphi geschickt worden war, betrat den Tempel.
Als Adverbiale	
• mit Adverbialsatz:	Der Bote betrat den Tempel, nachdem (weil) er nach Delphi geschickt worden war.

Bei der Übersetzung ist immer zu prüfen, ob das Participium coniunctum als Adverbiale aufzufassen ist und wie ggf. die Sinnrichtung des Partizips durch eine treffende Subjunktion deutlich gemacht werden kann.

e) Zeitverhältnis

Die Formen des **PPP** zeigen an, dass das im Participium coniunctum ausgedrückte Geschehen vor dem des Prädikats stattgefunden hat; sie bezeichnen also die **Vorzeitigkeit (Partizip der Vorzeitigkeit)**.
Wenn das PPP als Adverbiale aufzufassen ist, ist daher häufig eine Übersetzung mit „nachdem“ möglich.

S 2 Verwendung des Passivs (Perfekt, Plusquamperfekt)

Im Passiv haben Perfekt und Plusqamperfekt als Tempora die gleiche Bedeutung wie im Aktiv (vgl. 11 **S** und 22 **S 1**).

Homines convocati sunt. Die Menschen wurden versammelt. Die Menschen sind versammelt (worden).	Homines convocati erant. Die Menschen waren versammelt (worden).

Das Perfekt Passiv wird im Deutschen meistens mit dem Präteritum / Imperfekt wiedergegeben.
Gelegentlich können Perfekt und Plusquamperfekt Passiv auch einen Zustand oder ein Ergebnis bezeichnen.

M Übersetzen: Partizipien analysieren

Da Partizipien im Lateinischen sehr häufig vorkommen, sie aber nicht selten die Ursache von Fehlern in der Übersetzung sind, solltest du dir von Anfang an eine praktikable Methode zurechtlegen, mit der du Schritt für Schritt von der Analyse zu einer richtigen Übersetzung kommst.

1. Zunächst musst du erkennen, dass ein Satz ein PPP enthält. **Erkennungsmerkmale:**

a) Ein PPP hat **Endungen** wie ein Adjektiv der **a- und o-Deklination**.
b) Es lässt sich auf ein **Verb** zurückführen (z.B. missus ← mittere).
c) Entweder es endet auf -tus, -ta, -tum (regelmäßige Bildung, z.B. voca-tus, voca-ta, voca-tum) oder du kennst es als **vierte Form** einer **Stammformenreihe** (z.B. mittere, mitto, misi, **missum**)

2. Unterscheide dann die beiden **Funktionen**, die ein PPP übernehmen kann.

a) Entweder es dient der **Zeitenbildung** (Perfekt Passiv, Plusquamperfekt Passiv).
Erkennungsmerkmal: Es kommt zusammen mit einer Form von **esse** vor (z.B. missus est).
In diesem Fall kannst du einfach die entsprechende Verbform übersetzen (z.B. *er wurde geschickt, er ist geschickt worden*).
b) Oder es kommt als **Participium coniunctum („PC")** vor.
Erkennungsmerkmale: Es steht ohne esse; es hat ein **Bezugswort**, mit dem es in KNG-Kongruenz steht. In diesem Fall lohnt sich eine genauere Analyse.

Beispiel:

		Merkmale		Funktion
Dido amore mo**ta** erat. Dido war von Liebe *bewegt (worden).*	→	PPP mit esse	→	**Zeitenbildung** (Plusqpf. Pass.)
Dido amore mo**ta** Aeneae nimis credidit.	→	PPP ohne esse	→	**PC**

3. Analysiere das „**PC**" auf folgende Weise.
Übertrage zunächst den Satz, der das „PC" enthält, in dein Heft. Wenn du einige Übung hast, kannst du die Markierung auch in Gedanken vornehmen:

a) Markiere zuerst das „**PC**" und sein Bezugswort.	Dido amore **mota** Aeneae nimis credidit.
b) Isoliere dann durch Einklammern den Wortblock, der aus dem Partizip und den davon abhängigen Ergänzungen besteht. (Das Bezugswort bleibt außerhalb der Klammer.)	Dido [amore **mota**] Aeneae nimis credidit.
c) Übersetze den Satz ohne diesen Wortblock.	Dido vertraute Aeneas zu sehr.
d) Übersetze den eingeklammerten Wortblock wörtlich und mit Relativsatz.	wörtlich: *die* von Liebe *bewegte* (Dido) Relativsatz: (Dido), *die* von Liebe *bewegt (worden) war*
e) Überprüfe, ob du ihn sinnvoll mit einem Adverbialsatz wiedergeben kannst.	Adverbialsatz: *weil sie* von Liebe *bewegt (worden) war*
f) Übersetze den ganzen Satz.	*Weil* Dido von Liebe *bewegt (worden) war,* vertraute sie Aeneas zu sehr.

W

imprīmīs	besonders, vor allem	**dēlectāre**	erfreuen, unterhalten
turba	Menschenmenge, Lärm, Verwirrung	**praeda**	Beute
rēx	König	**hostis**	Feind (Landesfeind)
māiōrēs	Vorfahren	**vestis**	Kleid, Kleidung
intellegere	(be)merken, verstehen	**trānsīre**	hinübergehen, überschreiten

hic, haec, hoc	dieser, diese, dieses (hier); folgender	
ille, illa, illud	jener, jene, jenes	
ferē *Adv.*	beinahe, fast; ungefähr	
praeclārus, a, um	großartig	
spectāculum	Schauspiel	Spektakel
victor, victōris	Sieger; *Adj.* siegreich	
dux, ducis *m*	Anführer	e. duke, f. duc
nimius, a, um	übermäßig, zu groß	
triumphus	Triumph(zug)	e. triumph, f. triomphe
fēlīx, fēlīcis	erfolgreich, glückbringend, glücklich	Felix, Felicitas, Felicia
cōnficere, cōnficiō, cōnfēcī, cōnfectum	beenden, fertigmachen	Konfektion, Konfitüre, Konfetti
pūblicus, a, um	öffentlich, staatlich	publik, Publikum, e. public
incēdere, incēdō, incessī, incessum *(m. Akk.)*	heranrücken, eintreten; (jdn.) befallen	
dūcere, dūcō, dūxī, **ductum**	führen, ziehen	
vincere, vincō, vīcī, **victum**	(be)siegen, übertreffen	
sīgnum	Merkmal, Zeichen; Statue	
aureus, a, um	golden	
aes, aeris *n*	Erz, Geld	
facere, faciō, fēcī, **factum**	machen, tun, handeln	
tabula	Tafel, Gemälde; Aufzeichnung	Tabelle, Tablette, e./f. table
rēgius, a, um	königlich	e./f. royal
tantus, a, um	so groß, so viel	
argentum	Silber	Argentinien, f. argent
subicere, subiciō, subiēcī, **subiectum**	darunterlegen, unterwerfen	Subjekt, e. subject, f. sujet
servitūs, servitūtis *f*	Sklaverei	
dīgnitās, dīgnitātis *f*	Würde, Ansehen; (gesellschaftliche) Stellung	e. dignity, f. dignité
miseria	Not, Elend, Unglück	Misere, e. misery
simul *Adv.*	zugleich, gleichzeitig	simultan
longus, a, um	lang, weit	e./f. long
eques, equitis *m*	Reiter, Ritter	

Gallī, Gallōrum *m Pl.*	die Gallier

F Demonstrativpronomina: hic, ille

a) hic dieser (hier)

	Sg. *m*	*f*	*n*	Pl. *m*	*f*	*n*
Nom.	**hic**	**haec**	**hoc**	**hī**	**hae**	**haec**
Gen.		**huius**		**hōrum**	**hārum**	**hōrum**
Dat.		**huic**			**hīs**	
Akk.	**hunc**	**hanc**	**hoc**	**hōs**	**hās**	**haec**
Abl.	**hōc**	**hāc**	**hōc**		**hīs**	

b) ille jener (dort)

	Sg. *m*	*f*	*n*	Pl. *m*	*f*	*n*
Nom.	**ille**	**illa**	**illud**	**illī**	**illae**	**illa**
Gen.		**illīus**		**illōrum**	**illārum**	**illōrum**
Dat.		**illī**			**illīs**	
Akk.	**illum**	**illam**	**illud**	**illōs**	**illās**	**illa**
Abl.	**illō**	**illā**	**illō**		**illīs**	

S Demonstrativpronomina hic und ille: Verwendung

Das Demonstrativpronomen hic bezeichnet etwas, das sich in unmittelbarer Nähe des Sprechers befindet. Das Demonstrativpronomen ille dagegen bezeichnet etwas, das sich in größerer Entfernung vom Sprecher befindet.

a) Caesar et Maiestix potentes erant; hic Gallis imperabat,
ille imperium Romanum regebat.
Cäsar und Majestix waren mächtig; dieser herrschte über die Gallier,
jener regierte das Römische Reich.

Beziehen sich hic und ille auf einen vorhergehenden Satz, so bezieht sich hic auf das näherstehende, ille auf das weiter entfernte Wort.

b) Caesar *haec* dixit: „...“.
Cäsar sagte Folgendes: „...“.

Mit Formen von hic, haec, hoc wird häufig auf einen unmittelbar folgenden Text verwiesen.

Sprachen vergleichen

Was wird aus ille im **Französischen**?

ille, illa → *il, elle* (er, sie): Personalpronomen
ille, illa → *le, la* (der, die): bestimmter Artikel

Übersicht: Verben (Tempora im Passiv)

ā-Konjugation / **ē-Konjugation**

Infinitiv

ā-Konjugation	ē-Konjugation
vocā-rī	monē-rī

Präsens

Sg.	Pl.	Sg.	Pl.
voc-or	vocā-mur	mone-or	monē-mur
vocā-ris	vocā-minī	monē-ris	monē-minī
vocā-tur	vocā-ntur	monē-tur	mone-ntur

Imperfekt

Sg.	Pl.	Sg.	Pl.
vocā-ba-r	vocā-bā-mur	monē-ba-r	monē-bā-mur
vocā-bā-ris	vocā-bā-minī	monē-bā-ris	monē-bā-minī
vocā-bā-tur	vocā-ba-ntur	monē-bā-tur	monē-ba-ntur

Futur I

Sg.	Pl.	Sg.	Pl.
vocā-b-or	vocā-bi-mur	monē-b-or	monē-bi-mur
vocā-be-ris	vocā-bi-minī	monē-be-ris	monē-bi- minī
vocā-bi-tur	vocā-bu-ntur	monē-bi-tur	monē-bu-ntur

Partizip Perfekt Passiv (PPP)

ā-Konjugation	ē-Konjugation
vocā-tus, a, um	moni-tus, a, um

ī-Konjugation / **konsonantische Konjugation**

Infinitiv

ī-Konjugation	konsonantische Konjugation	
audī-rī	ag-ī	cap-ī

Präsens

Sg.	Pl.	Sg.	Pl.	Sg.	Pl.
audi-or	audī-mur	ag-or	ág-i-mur	capi-or	cápi-mur
audī-ris	audī-minī	ág-e-ris	ag-i-minī	cápe-ris	capi-minī
audī-tur	audi-u-ntur	ág-i-tur	ag-u-ntur	cápi-tur	capi-u-ntur

Imperfekt

Sg.	Pl.	Sg.	Pl.	Sg.	Pl.
audi-ēba-r	audi-ēbā-mur	ag-ēba-r	ag-ēbā-mur	capi-ēba-r	capi-ēbā-mur
audi-ēbā-ris	audi-ēbā-minī	ag-ēbā-ris	ag-ēbā-minī	capi-ēbā-ris	capi-ēbā-minī
audi-ēbā-tur	audi-ēba-ntur	ag-ēbā-tur	ag-ēba-ntur	capi-ēbā-tur	capi-ēba-ntur

Futur

Sg.	Pl.	Sg.	Pl.	Sg.	Pl.
audi-a-r	audi-ē-mur	ag-a-r	ag-ē-mur	capi-a-r	capi-ē-mur
audi-ē-ris	audi-ē-minī	ag-ē-ris	ag-ē-minī	capi-ē-ris	capi-ē-minī
audi-ē-tur	audi-e-ntur	ag-ē-tur	ag-e-ntur	capi-ē-tur	capi-e-ntur

Partizip Perfekt Passiv (PPP)

ī-Konjugation	konsonantische Konjugation	
audī-tus, a, um	āc-tus, a, um	cap-tus, a, um

W

quondam	einst, einmal; manchmal	**quaerere**	erwerben wollen, suchen, fragen
aspicere	erblicken	**fugere**	fliehen (vor), meiden
petere	(auf)suchen, (er)streben, bitten, verlangen	**terrēre**	erschrecken
		tamen	dennoch, jedoch
appellāre	anrufen, nennen, bezeichnen (als)	**tandem**	endlich

silva	Wald	Silvester
inter *Präp. m. Akk.*	unter, während; zwischen	inter-kontinental, intern
arbor, arboris *f*	Baum	f. arbre
iuvenis, iuvenis *m*	junger Mann; *Adj.* jung	e. young
accendere, accendō, accendī, accēnsum	anfeuern, anzünden	
amōre accēnsus	in Liebe entflammt, verliebt	
ager, agrī *m*	Acker, Feld, Gebiet	Agrar-
vestīgium	Spur, Fußsohle, Stelle	e. to investigate
magis *Adv.*	mehr, eher	
nātūra	Beschaffenheit, Natur, Wesen	natürlich, e./f. nature
vetāre, vetō, vetuī	verhindern, verbieten	Veto
dēmum *Adv.*	endlich	
auris, auris *f (Gen. Pl.* **-ium***)*	Ohr	e. ear
accipere, accipiō, accēpī, acceptum	aufnehmen, erhalten, erfahren	akzeptieren, e. to accept
repetere, repetō, repetīvī, repetītum	(zurück)verlangen, wiederholen	Repetent, repetieren, e. to repeat
nihil / nīl	nichts	Nihilismus, Nihilist
hūc *Adv.*	hierher	
ārdēre, ārdeō, ārsī	brennen	e. ardent
rūrsus *Adv.*	wieder	
occurrere, occurrō, occurrī	begegnen, entgegentreten	e. to occur
tangere, tangō, tetigī, tāctum	berühren	Tango, Takt, Tangente
repellere, repellō, reppulī, repulsum	zurückstoßen, abweisen, vertreiben	e. to repel
recipere, recipiō, recēpī, receptum	aufnehmen, wiederbekommen, zurücknehmen	Rezept, Rezeption, e. to receive
sē recipere	sich zurückziehen	
hinc *Adv.*	von hier, hierauf	
dolor, dolōris *m*	Schmerz	f. douleur
membrum	Glied, Körperteil	e. member
solvere, solvō, solvī, solūtum	auflösen, bezahlen, lösen	solvent, in-solvent, ab-solvieren
dīcere, dīcō, dīxī, **dictum**	sagen, sprechen	

Ēchō *f*	Echo (eine Waldnymphe)
Narcissus	Narzissus (ein sehr schöner junger Mann)

F Partizip Präsens Aktiv (PPA)

kasus endungen
3. Deklination

Beispiel:
vocāns rufend

	Sg. *m/f*		Sg. *n*	Pl. *m/f*		Pl. *n*
Nom.		**vocā-ns**		**voca-nt-ēs**		**voca-nt-ia**
Gen.		**voca-nt-is**			**voca-nt-ium**	
Dat.		**voca-nt-ī**			**voca-nt-ibus**	
Akk.	**voca-nt-em**		**vocā-ns**	**voca-nt-ēs**		**voca-nt-ia**
Abl.		**voca-nt-e**			**voca-nt-ibus**	

(voca-ns aus voca-nt-s)

Das Partizip Präsens Aktiv zu Verben der ā- und ē-Konjugation wird gebildet, indem zwischen den Präsensstamm und die Endung der 3. Deklination **-nt-** eingefügt wird:

vocāns, -ntis; monēns, -ntis

Bei der ī- und der konsonantischen Konjugation wird der Stamm durch ein **-e-** erweitert:

audi-**ē**-ns, -ntis; ag-**ē**-ns, -ntis; capi-**ē**-ns, -ntis

Partizip Präsens Aktiv zu **ire:** iēns, euntis
Partizip Präsens Aktiv zu **velle:** volēns, volentis

S Verwendung des Partizip Präsens Aktiv

a) Das Partizip Präsens Aktiv als Participium coniunctum

Homines triumphum spectantes clamabant.
(Die Menschen – den Triumphzug ansehend – riefen laut.)

Das Partizip Präsens Aktiv (hier: spectantes) steht – wie das PPP – als Participium coniunctum in Kongruenz zu einem Nomen (hier: homines).
Auch die Partizipialkonstruktion mit einem Partizip Präsens Aktiv ist eine satzwertige Konstruktion.

Da das Partizip Präsens eine aktive Verbform ist, können nicht nur Adverbialien, sondern auch Objekte (hier: triumphum) von ihm abhängen.

b) Satzgliedfunktion

Die Partizipialkonstruktion mit einem Partizip Präsens (hier: spectantes) kann als Attribut (hier: zu homines) oder als Adverbiale (hier: zu clamabant) aufgefasst werden (vgl. 25 **S 1** c). Daher sind mehrere Möglichkeiten der Wiedergabe im Deutschen zu bedenken:

c) Übersetzungsmöglichkeiten

	Homines triumphum spectantes clamabant.
Als Attribut	
• wörtlich (selten):	(Den Triumphzug ansehend, riefen die Menschen laut.)
• mit Relativsatz:	Die Menschen, die den Triumphzug ansahen, riefen laut.
Als Adverbiale	
• mit Adverbialsatz:	Die Menschen riefen laut, als (während / weil) sie den Triumphzug ansahen.

Bisweilen kann das Partizip Präsens – wie auch das Adjektiv – **substantiviert** werden:

amans	der / die Liebende,
amantes	die Liebenden.

d) Zeitverhältnis

Die Formen des **Partizip Präsens Aktiv** zeigen an, dass das im Participium coniunctum ausgedrückte Geschehen gleichzeitig mit dem des Prädikats abläuft; sie bezeichnen also die **Gleichzeitigkeit (Partizip der Gleichzeitigkeit)**.
Wenn das PPA als Adverbiale aufzufassen ist, ist daher eine Übersetzung mit „während" möglich.

Komposita zusammenstellen

Einige **Komposita** zu wichtigen lateinischen Verben – die Listen lassen sich durch die folgenden Wortschätze erweitern:

mittere	**pellere**	**facere**	**petere**
ad-**mittere**	ex-**pellere**	con-**ficere**	re-**petere**
a-**mittere**	re-**pellere**	de-**ficere**	
com-**mittere**		inter-**ficere**	**scire**
di-**mittere**	**capere**		ne-**scire**
pro-**mittere**	ac-**capere**	**tangere**	
	re-**capere**	at-**tingere**	**tenere**
			con-**tinere**

W

salūtem dīcere	grüßen	**perīculum**	Gefahr
redīre	zurückgehen, zurückkehren	**ostendere**	zeigen, darlegen
uxor	Ehefrau	**nōn ignōrāre**	genau wissen, gut kennen
sīcut	(so)wie	**turba**	Menschenmenge, Lärm, Verwirrung
sine	ohne	**locus**	Ort, Platz, Stelle

ipse, ipsa, ipsum (*Gen.* **ipsīus**, *Dat.* **ipsī**)	(er, sie, es) selbst	
epistula	Brief	Epistel
nūllus, a, um (*Gen.* **nūllīus**, *Dat.* **nūllī**)	kein	Null, annullieren
sōlācium	Trost(mittel)	e. solace
opus est *m. Abl.*	es ist nötig, man braucht	
dēserere, dēserō, dēseruī, dēsertum	im Stich lassen, verlassen	
lectus	Bett, Liegesofa	
iacēre, iaceō, iacuī	liegen	
perpetuus, a, um	dauerhaft, ewig	Perpetuum mobile
vigilia	Nachtwache, (Wach-)Posten	
vix *Adv.*	kaum, (nur) mit Mühe	
sustinēre, sustineō, sustinuī	ertragen, standhalten	e. to sustain, f. soutenir
timor, timōris *m*	Angst, Furcht	
agitāre, agitō	betreiben, überlegen	Agitation, e. to agitate
timōre agitārī	von Furcht gequält werden	
perdere, perdō, perdidī, perditum	verlieren, verschwenden, zugrunde richten	f. perdre
tēctum	Dach, Haus	
beātus, a, um	glücklich, reich	Beate
metuere, metuō, metuī	(sich) fürchten	
contingere, contingō, contigī, contāctum	berühren; gelingen	Kontingent, Kontakt, e./f. contact
suscipere, suscipiō, suscēpī, susceptum *m. Akk.*	auf sich nehmen, sich (einer Sache) annehmen, unternehmen	
coniūnx, coniugis *m/f*	Gatte, Gattin	
nūbere, nūbō, nūpsī, nūptum *m. Dat.*	heiraten	
premere, premō, pressī, pressum	(unter)drücken, bedrängen	Presse, Pression, Expressionismus, Depression, e. to press
ops, opis *f*	Hilfe; Kraft; *Pl.* Macht, Mittel, Reichtum	
audācia	Frechheit, Kühnheit	

Fortsetzung →

bonum	das Gut(e)	f. bon
cōnsūmere, cōnsūmō, cōnsūmpsī, cōnsūmptum	verbrauchen, verwenden	konsumieren, Konsum, e. to consume, f. consumer
cōnsulere in *m. Akk.*	Maßnahmen ergreifen gegen	
arx, arcis *f (Gen. Pl.* **-ium***)*	Burg	

Pēnelopa	Penelope (Frau des Ulixes)
Ulixēs, Ulixis *m*	Ulixes (Odysseus, König von Ithaka)

F Pronomen ipse

ipse, ipsa, ipsum selbst

	Sg. *m*	*f*	*n*	Pl. *m*	*f*	*n*
Nom.	**ipse**	**ipsa**	**ipsum**	**ipsī**	**ipsae**	**ipsa**
Gen.		**ipsīus**		**ipsōrum**	**ipsārum**	**ipsōrum**
Dat.		**ipsī**			**ipsīs**	
Akk.	**ipsum**	**ipsam**	**ipsum**	**ipsōs**	**ipsās**	**ipsa**
Abl.	**ipsō**	**ipsā**	**ipsō**		**ipsīs**	

Außer im Neutrum Sg. wird ipse wie ille dekliniert (vgl. 26 **F** b).

S 1 Pronomen ipse: Verwendung

Cicero ipse Cicero persönlich hāc ipsā nocte gerade in dieser Nacht

Das Pronomen ipse dient zur nachdrücklichen Hervorhebung oder Abgrenzung einer Person oder Sache. Deshalb kann es auch die Bedeutungen „gerade, genau, persönlich, unmittelbar“ u. Ä. haben.

S 2 Partizip als Adverbiale (Überblick)

a) Übersetzungsmöglichkeiten

Homines triumphum spectantes clamabant.

Das Participium coniunctum (PPA oder PPP) tritt häufig als Adverbiale auf. Dann stehen die folgenden drei Möglichkeiten der Wiedergabe zur Verfügung:

1. *Adverbialsatz*:
   Als (während, weil) sie den Triumphzug ansahen, riefen die Menschen laut.
2. *Präpositionalausdruck*:
   Beim Betrachten des Triumphzuges riefen die Menschen laut.
3. *Beiordnung (mit einem Adverb, das die Sinnrichtung angibt)*:
   Die Menschen sahen (sich) den Triumphzug an und riefen dabei laut.

b) Sinnrichtungen

Die Sinnrichtung wird bei einem adverbial gebrauchten Partizip im Lateinischen meist sprachlich nicht ausgedrückt. Daher ist für eine treffende deutsche Wiedergabe der logische Zusammenhang das Satzes bzw. Textes zu beachten.
Die folgende Tabelle bietet eine **Übersicht** über die verschiedenen **Sinnrichtungen** und gibt an, mit welchen Subjunktionen (im Adverbialsatz), Präpositionen (im Präpositionalausdruck) oder Adverbien (in der Beiordnung) sie ausgedrückt werden können:

Sinnrichtung	**Adverbialsatz**	**Präpositionalausdruck**	**Beiordnung**
temporal vorzeitig	nachdem, als	nach	(und) dann
temporal gleichzeitig	während, als	während, bei	(und) dabei
kausal	weil, da	wegen	(und) deshalb
konditional	wenn, falls	im Falle	~
konzessiv	obwohl, wenn auch	trotz	(aber) trotzdem (aber) dennoch
modal	indem	bei, durch	(und) so

Die kausale und temporale Sinnrichtung sind bereits bekannt (vgl. 25 **S** d und 27 **S** c).
Beispiele für die anderen Sinnrichtungen:

a) *konzessiv*: Ulixes a nympha pulchra amatus (tamen) Penelopam uxorem desiderabat.
Obwohl Odysseus von einer schönen Nymphe geliebt wurde, sehnte er sich (dennoch) nach seiner Frau Penelope.

b) *konditional*: Penelopa: Ulixi redeunti semper amorem ostendam.
Penelope: Ich werde Odysseus, wenn (falls) er zurückkehrt, immer meine Liebe zeigen.

c) *modal*: Ulixes: Domum rediens uxorem a curis liberare cupio.
Odysseus: Indem ich nach Hause zurückkehre (durch meine Rückkehr ...), will ich meine Frau von ihren Sorgen befreien.

M 1 Sprache betrachten: Partizipien wiedergeben

Damit du bei der Übersetzung eines Participium coniunctum („PC") den Sinn genau triffst, den der Zusammenhang des Textes nahelegt, lohnt es sich immer zu überprüfen, ob das „PC" mit einem Adverbialsatz wiedergegeben werden sollte oder ob nur die wörtliche Übersetzung bzw. die Wiedergabe mit Relativsatz in Frage kommt.

Duae puellae in ludo sunt.	Zwei Mädchen sind in der Schule.
Hic sedet puella a magistro *laudata*,	Hier sitzt das vom Lehrer gelobte Mädchen, (das Mädchen, das vom Lehrer gelobt worden ist)
ibi puella *monita*.	dort das ermahnte Mädchen. (das Mädchen, das ermahnt worden ist)

In diesem Fall passt eine **wörtliche Übersetzung** oder eine Wiedergabe mit **Relativsatz**; die Partizipien laudata und monita sind nämlich als Attribute zu puella aufzufassen, nach denen man **„was für ein?"** fragt.

Iulia a magistro *laudata* gaudet;	Julia freut sich, weil sie vom Lehrer gelobt worden ist;
Cornelia *monita* tristis est.	Cornelia ist traurig, weil sie ermahnt worden ist.

Hier liegt die Übersetzung mit **Adverbialsatz** nahe, da die beiden Partizipien als Adverbialien die jeweiligen Prädikate gaudet und tristis est näher erläutern.
Ausgehend vom Prädikat passen als Fragen z.B. **„warum?"**, **„wann?"** oder **„wie?"**.

M 2 Übersetzen: Zeitverhältnis beim Partizip beachten

Wenn du in einem Satz ein Partizip entdeckst, musst du zuerst bestimmen, ob es sich um ein PPA oder ein PPP handelt. Damit steht auch das Zeitverhältnis fest, das das Partizip zum Geschehen des Prädikats ausdrückt. Das Tempus, das bei der Auflösung des lateinischen Partizips im deutschen Adverbial- bzw. Relativsatz verwendet werden muss, richtet sich nach der Art des Partizips und dem Tempus des Prädikats. Nutze die folgende Übersicht.

Partizip Präsens Aktiv (PPA)
Endungen der 3. Deklination
z.B. audi-e-**ns**, audi-e-**nt**-is
Partizip der **Gleichzeitigkeit**

Partizip Perfekt Passiv (PPP)
Endungen der a- / o-Deklination
z.B. audi-**tus**, **a**, **um**
Partizip der **Vorzeitigkeit**

Wiedergabe im Deutschen:

→ PPA

Prädikat im Relativ- oder Adverbialsatz	←	Prädikat im Hauptsatz
Präsens	←	Präsens
Präteritum	←	Vergangenheit

Verba magistri audie**ns** Während Julia die Worte des Lehrers ***hört***,	Iulia **tacet**. ***schweigt*** sie.
Verba magistri audie**ns** Während Julia die Worte des Lehrers ***hörte***,	Iulia **tacebat**. ***schwieg*** sie.

→ PPP

Prädikat im Relativ- oder Adverbialsatz	←	Prädikat im Hauptsatz
Perfekt	←	Präsens
Plusquamperfekt	←	Vergangenheit

De verbis audit**is** Über die Worte, die sie ***gehört hat***,	Iulia **cogitat**. ***denkt*** Julia ***nach***.
De verbis audit**is** Über die Worte, die sie ***gehört hatte***,	Iulia **cogitabat**. ***dachte*** Julia ***nach***.

W

potentia	Macht	**pellere**	schlagen, vertreiben
timēre	Angst haben, fürchten	**commovēre**	bewegen, veranlassen
colere	bewirtschaften, pflegen; verehren	**terrēre**	(jdn.) erschrecken
perīre	zugrunde gehen, umkommen	**carmen**	Lied, Gedicht

magistrātus, magistrātūs *m*	Amt; Beamter	Magistrat, f. magistrat
senātus, senātūs *m*	Senat, Senatsversammlung, Rat	e. senate, f. sénat
sacer, sacra, sacrum *(m. Gen.)*	geweiht, heilig	sakral, e. sacred
īdem, eadem, idem	derselbe, der gleiche	identisch, Identität
nōmināre, nōminō	nennen	Nominativ
mōtus, mōtūs *m*	Bewegung	
terra	Erde, Land	Terrarium, Terrasse
mōtus terrae	Erdbeben	
flūctus, flūctūs *m*	Flut, Strömung	Fluktuation
quārē	*rel. Satzanschluss:* deshalb	
memor, memoris *m. Gen.*	in Erinnerung an	
metus, metūs *m*	Angst	
persuādēre, persuādeō, persuāsī, persuāsum *m. Dat.*	überzeugen *(mit AcI / Inf.)*	persuasiv, e. to persuade f. persuader
neglegere, neglegō, neglēxī, neglēctum	nicht (be)achten, vernachlässigen	Negligé, e. to neglect
intrā *Präp. m. Akk.*	innerhalb (von)	intra-venös
domus, domūs *f*	Haus	Dom, Domizil
vertere, vertō, vertī, versum	drehen, wenden	Version, versiert
frangere, frangō, frēgī, frāctum	zerbrechen	Fraktur, Fraktion, Fragment, fragil
cadere, cadō, cecidī	fallen	Kadenz
dēmittere, dēmittō, dēmīsī, dēmissum	hinabschicken, sinken lassen	Demission
manus, manūs *f*	Hand	manuell, Manier, f. main
caelum	Himmel	
tendere, tendō, tetendī, tentum	sich anstrengen, spannen; (aus)strecken	Tendenz, tendieren
lūctus, lūctūs *m*	Trauer	
plēnus, a, um *(m. Gen.)*	voll (von / mit)	Plenum, Plenarsaal
gemitus, gemitūs *m*	Seufzen, Stöhnen; Traurigkeit	
occidere, occidō, occidī	umkommen, untergehen	Okzident

vīvere, vīvō, **vīxī**	leben

F 1 Substantive: u-Deklination (4. Deklination)

Beispiel:
magistrātus, -ūs Beamter; Amt

	Sg.	Pl.
Nom.	**magistrāt-us**	**magistrāt-ūs**
Gen.	**magistrāt-ūs**	**magistrāt-uum**
Dat.	**magistrāt-uī**	**magistrāt-ibus**
Akk.	**magistrāt-um**	**magistrāt-ūs**
Abl.	**magistrāt-ū**	**magistrāt-ibus**

Die meisten Substantive dieser Deklination sind maskulin.
Zu domus, -ūs (*f*) werden auch Formen der o-Deklination gebildet, z. B. dom-ōs neben dom-ūs (*Akk. Pl.*).

F 2 Pronomen idem

īdem derselbe, der nämliche

	Sg. *m*	Sg. *f*	Sg. *n*	Pl. *m*	Pl. *f*	Pl. *n*
Nom.	**ī-dem**	**éa-dem**	**i-dem**	**iī-dem**	**eae-dem**	**éa-dem**
Gen.		**eius-dem**		**eōrun-dem**	**eārun-dem**	**eōrun-dem**
Dat.		**eī-dem**			**(e)īs-dem**	
Akk.	**eun-dem**	**ean-dem**	**i-dem**	**eōs-dem**	**eās-dem**	**éa-dem**
Abl.	**eō-dem**	**eā-dem**	**eō-dem**		**(e)īs-dem**	

Die Formen von idem bestehen aus den Formen von is, ea, id und dem Suffix -dem.
An der Fugenstelle kommen Lautveränderungen vor.

S Genitivus subiectivus / obiectivus

amor patris
die Liebe *des* Vaters
die Liebe *zum* Vater

Nach bestimmten Substantiven, vor allem solchen, die ein Gefühl ausdrücken (z. B. amor, metus), kann der Genitiv bezeichnen:

- die Person, die als „Subjekt“ diese Empfindung hat,
- die Person oder Sache, die „Objekt“ dieses Gefühles ist.

Genitivus subiectivus und obiectivus sind als Attribut aufzufassen.
Welcher Genitiv vorliegt, ergibt sich aus der Bedeutung der Substantive oder aus dem Kontext.

W

pellere	schlagen, vertreiben	**āmittere**	aufgeben, verlieren
cīvitās	Bürgerrecht; Gemeinde, Staat	**dēnique**	schließlich, zuletzt
studēre	sich (wissenschaftlich) beschäftigen; sich bemühen (um), streben (nach)	**causa**	Ursache, Sache, Prozess
		sinere	lassen, erlauben
perīre	zugrunde gehen, umkommen	**cēnsēre**	meinen, einschätzen; seine Stimme abgeben
sententia	Antrag (im Senat), Meinung; Satz, Sinn		

patrēs (cōnscrīptī), patrum (cōnscrīptōrum) *m Pl.*	Senatoren	
mūtāre, mūtō	(ver)ändern, verwandeln	sich mausern
adulēscēns, adulēscentis	jung; *Subst.* junger Mann	e. adolescent
exstinguere, exstinguō, exstīnxī, exstīnctum	auslöschen, vernichten	Extinktion, e. to extinguish
interest *(m. Gen.)*	es ist wichtig (für jdn.)	
aurēs praebēre	Gehör schenken, zuhören	
philosophia	Philosophie	
aestimāre, aestimō	einschätzen, beurteilen	e. to estimate, f. estimer
magnī aestimāre	hochschätzen	
incipere, incipiō, incēpī (coepī), inceptum	anfangen, beginnen	
pars, partis *f (Gen. Pl.* **-ium***)*	Richtung, Seite, Teil	Partei, partiell, e./f. part
disciplīna	Disziplin, Lehre	
cognōscere, cognōscō, cognōvī, **cognitum**	erkennen, kennenlernen	f. connaître
exercēre, exerceō, exercuī	üben, trainieren; quälen	exerzieren, e. to exercise
inopia	Mangel, Not	
male *Adv.*	schlecht, schlimm	f. mal
necessārius, a, um	notwendig	Necessaire, e. necessary
vindicāre in *m. Akk.*	vorgehen gegen	e. to vindicate
docēre, doceō, docuī, doctum	lehren, unterrichten	Dozent, Doktor, Dokument
damnāre, damnō	verurteilen	e. to damn, f. damner
fūnus, fūneris *n*	Begräbnis, Untergang	e. funeral
modus	Art, Weise; Maß	Modell, Modalität, Mode
corrumpere, corrumpō, corrūpī, corruptum	bestechen, verderben	korrupt, Korruption, e. to corrupt
pellere, pellō, pepulī, **pulsum**	schlagen, vertreiben	
acerbus, a, um	bitter, grausam, rücksichtslos	
resistere, resistō, restitī	stehenbleiben; Widerstand leisten	resistent, e. to resist
reprehendere, reprehendō, reprehendī, reprehēnsum	kritisieren, wieder aufgreifen	e. to reprehend
tollere, tollō, **sustulī, sublātum**	aufheben, in die Höhe heben, wegnehmen	

Graecus, a, um	griechisch, *Subst.* Grieche

S Ablativus absolutus (1)

a) Erscheinungsform und Übersetzung

Hostibus accedentibus	cives portas clauserunt.
Als (weil) die Feinde heranrückten,	schlossen die Bürger die Tore.
Hostibus victis	omnes gaudebant.
Nachdem (weil) die Feinde besiegt waren,	freuten sich alle.

Ablativus absolutus (Abl. abs.) ist die Bezeichnung für eine häufige Konstruktion, bei der ein Nomen im Ablativ mit einem PPP oder einem Partizip Präsens eine sprachliche Einheit bildet.
Die beiden Teile stehen in KNG-Kongruenz.

Der Abl. abs. kann durch einen Adverbialsatz (z. B. mit „als, nachdem, weil") wiedergegeben werden; das Nomen im Ablativ wird dann zum Subjekt und das Partizip zum Prädikat des Adverbialsatzes.
Die jeweilige Sinnrichtung muss aus dem Kontext erschlossen werden (vgl. 28 **S 2** b).

b) Zeitverhältnis

Wie beim Participium coniunctum bezeichnen die Formen des **Partizip Perfekt Passiv** die **Vorzeitigkeit**, die des **Partizip Präsens Aktiv** die **Gleichzeitigkeit**.

c) Der Ablativus absolutus als satzwertige Konstruktion

Hostes celeriter *accedebant.* Cives portas clauserunt.	*Hostibus* celeriter *accedentibus* cives portas clauserunt.
Die Feinde rückten schnell *heran.* Die Bürger schlossen die Tore.	*Als die Feinde* schnell *heranrückten,* schlossen die Bürger die Tore.

Man kann den Abl. abs. als eigenständigen Aussagesatz verstehen, der als satzwertige Konstruktion in einen anderen Satz hineingenommen wurde. Von dem Partizip (hier: accedentibus) können Adverbialien (hier: celeriter) und / oder Objekte abhängen.

d) Satzgliedfunktion

Der Abl. abs. hat immer die Satzgliedfunktion des Adverbiales. Im Gegensatz zum Participium coniunctum ist das Nomen im Ablativ, auf das sich das Partizip bezieht, meist nicht in den Satz eingebettet; man spricht daher von einer „losgelösten" (absoluten) Konstruktion.

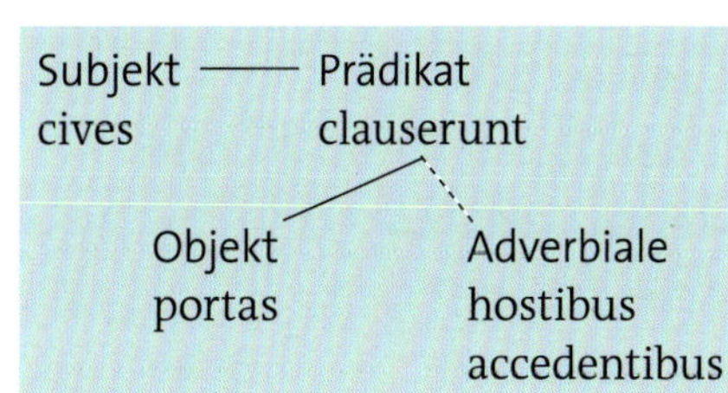

W

dux	Anführer	**pārēre**	gehorchen, sich richten nach
proelium	Kampf, Schlacht	**facere**	machen, tun, handeln
agitāre	betreiben, überlegen	**prohibēre**	abhalten, hindern
auctor	Anführer, Gründer, Ratgeber; Verfasser	**oportet**	es ist nötig, es gehört sich
ostendere	zeigen, darlegen		

socius	Gefährte, Verbündeter	sozial, Sozialismus
colligere, colligō, collēgī, collēctum	sammeln	Kollekte, Kollektion, Kollektiv, e. to collect
exercitus, exercitūs *m*	Heer	
Polynīce duce	unter der Führung des Polyneikes	
proelium committere	eine Schlacht schlagen	
occīdere, occīdō, occīdī, occīsum	niederschlagen, töten	
obtinēre, obtineō, obtinuī	(in Besitz) haben, (besetzt) halten	e. to obtain, f. obtenir
mēns, mentis *f (Gen. Pl.* **-ium***)*	Geist, Sinn, Verstand; Meinung	Mentalität, mental, e. mind
Creonte auctōre	auf Veranlasssung Kreons	
honor/honōs, honōris *m*	Ehre, Ehrenamt	honorieren, Honorar
condere, condō, condidī, conditum	verwahren, verbergen, bestatten	
flāgitium	Gemeinheit, Schandtat	
honestus, a, um	angesehen, ehrenhaft	e. honest, f. honnête
ūnā *Adv.*	zugleich, zusammen	
facinus, facinoris *n*	Handlung, Untat	
audēre, audeō	wagen	
cavēre, caveō, cāvī, cautum *(m. Akk.)*	sich hüten (vor), Vorsorge treffen	Kaution
aditus, aditūs *m*	Zugang	
difficilis, e	schwierig	f. difficile
cūstōs, cūstōdis *m/f*	Wächter(in)	
lēx, lēgis *f*	Gesetz, Bedingung	legal, legitim, Legislative
cōnstituere, cōnstituō, cōnstituī, cōnstitūtum	festsetzen, beschließen	Konstitution, e. constitution, f. constituer
obsecrāre, obsecrō	anflehen, bitten	
venia	Gefallen, Nachsicht, Verzeihung	
impetrāre, impetrō	erreichen, durchsetzen	
invītus, a, um	ungern, gegen den Willen	
Creonte invītō	gegen den Willen Kreons	

committere, committō, commīsī, **commissum**	anvertrauen, veranstalten, zustande bringen	

Fortsetzung →

Oedipūs, Oedipodis *m*	Ödipus (sagenhafter Herrscher der griechischen Stadt Theben)
Thēbae, Thēbārum *f Pl.*	Theben (Hauptstadt der griechischen Landschaft Böotien)
Antigona	Antigone (Tochter des Ödipus)
Ismēna	Ismene (Tochter des Ödipus)
Creōn, Creontis *m*	Kreon (Schwager des Ödipus)

S 1 Ablativus absolutus (2)

a) Sinnrichtungen

	Hostibus victis omnes cives gaudebant.
temporal:	Als (nachdem) die Feinde besiegt waren, freuten sich alle Bürger.
kausal:	Weil die Feinde besiegt waren, freuten sich alle Bürger.
	Hostibus victis oppidum tamen tutum non erat.
konzessiv:	Obwohl die Feinde besiegt waren, war die Stadt dennoch nicht sicher.

Neben der temporalen und kausalen hat der Abl. abs. manchmal eine konzessive Sinnrichtung. Sie wird oft durch ein entsprechendes „Signalwort" (tamen) deutlich gemacht. Modale (z.B. „wobei ...") und kondizionale (z.B. „falls ...") Sinnrichtung sind selten.

b) Übersetzungsmöglichkeiten

	Hostibus victis oppidum (tamen) tutum non erat.
Adverbialsatz:	Obwohl die Feinde besiegt waren, war die Stadt (dennoch) nicht sicher.
Präpositionalausdruck:	Trotz des Sieges über die Feinde war die Stadt nicht sicher.
Beiordnung:	Die Feinde waren besiegt worden; trotzdem (dennoch) war die Stadt nicht sicher.

Eine wörtliche Übersetzung des Abl. abs. ist nicht möglich.

S 2 Ablativus absolutus (3)

Hannibale duce	unter der Führung Hannibals
Cicerone consule	unter dem Konsulat Ciceros
Caesare auctore	auf Veranlassung Cäsars
imperatore invito	gegen den Willen des Feldherrn

In einigen Wendungen tritt beim Abl. abs. an die Stelle des Partizips ein Substantiv oder Adjektiv. Das Partizip fehlt, weil esse kein Partizip bildet. Bei der Wiedergabe im Deutschen verwendet man meistens Präpositionalausdrücke. In diesen Fällen bezeichnet der Abl. abs. die Gleichzeitigkeit.

M Übersetzen: Ablativi absoluti auflösen

Wenn du einen Ablativus absolutus – er kommt übrigens häufig am Satzanfang vor – erkannt hast, kannst du bei seiner Übersetzung ähnlich verfahren wie beim Participium coniunctum.

Analyse	Beispiel
a) Isoliere den Abl. abs. mit seinen Ergänzungen durch Einklammern.	[Patre fabulam narrante] liberi gaudebant.
b) Übersetze den Satz ohne den eingeklammerten Wortblock.	Die Kinder freuten sich.
c) Übersetze den Abl. abs. mit Adverbialsatz, Präpositionalausdruck oder Beiordnung.	Weil / Als der Vater eine Geschichte erzählte, ... Der Vater erzählte eine Geschichte und deshalb ...
d) Übersetze den ganzen Satz.	Weil / Als der Vater eine Geschichte erzählte, freuten sich die Kinder.

Mit einiger Übung wird dir das Übersetzen des Abl. abs. leicht fallen, da er oft in formelhaften Wendungen auftritt. Die folgenden Ausdrücke kommen – auch leicht abgewandelt – häufig vor:

hoc consilio capto	→ →	nachdem dieser Beschluss gefasst war auf diesen Beschluss hin
hac oratione habita	→ →	nachdem diese Rede gehalten worden war nach dieser Rede
his verbis dictis	→	nach diesen Worten
eo facto	→ → →	nachdem dies geschehen war aufgrund dieser Tatsache danach
bello confecto	→	nach Beendigung des Krieges
iniuria accepta	→ →	als / weil man das Unrecht erlitten hatte wegen des Unrechts
hominibus convocatis	→	nachdem man die Menschen zusammengerufen hatte
Caesare imperante	→	unter dem Kommando Cäsars
nullo resistente	→ → →	wobei / weil niemand Widerstand leistete ohne dass jemand Widerstand leistete ohne jeden Widerstand

Wenn dir z. B. die Wendung his verbis dictis geläufig ist, wirst du auch his verbis auditis entsprechend übersetzen können. Ähnliches gilt für proelio confecto, wenn du bello confecto kennst.

W

lacrima	Träne	**num**	etwa
dōnum	Geschenk	**virtūs**	Tapferkeit, Tüchtigkeit, Vortrefflichkeit, Leistung; *Pl.* gute Eigenschaften, Verdienste
colere	bewirtschaften, pflegen; verehren	**aliter**	anders, sonst
animus	Geist, Mut, Gesinnung, Herz	**cōnsilium**	Beratung, Beschluss, Plan, Rat
-ne	*(Fragepartikel)*		
exstinguere	auslöschen, vernichten		

rēs, reī *f*	Angelegenheit, Ding, Sache	Realismus, reell, real
fidēs, fideī *f*	Glaube, Treue, Vertrauen, Zuverlässigkeit	perfide, e. faith, f. foi
vāstus, a, um	riesig; öde, verwüstet	e. vaste/vast, f. vaste
vītam agere	(sein) Leben führen	
malum	Leid, Übel, Unglück	Malheur
cōgere, cōgō, coēgī, coāctum	(ver)sammeln, zwingen	
praestāre, praestō, praestitī	*m. Dat.* übertreffen *m. Akk.* gewähren, leisten, zeigen	
fidem praestāre	die Treue halten	
adventus, adventūs *m*	Ankunft	Advent, Abenteuer
diēs, diēī *m*	Tag	e. day, diary, s. día
diēs noctēsque	Tage und Nächte (lang) *(wie lange?)*	
sollicitāre, sollicitō	aufhetzen, beunruhigen, erregen	e. to solicit
subīre, subeō, subiī, subitum	auf sich nehmen, herangehen	
labōrēs subīre	Arbeiten verrichten	
libet, libuit	es gefällt	
quō	wohin, wo, wie	
quisnam, quidnam	wer denn, was denn?	
incendere, incendō, incendī, incēnsum	entflammen, in Brand stecken	
satis *Adv.*	genug	satt
pudet, puduit	es beschämt	
quasi *Adv.*	gleichsam, geradezu, fast	„quasi"
spēs, speī *f*	Erwartung, Hoffnung	
dēdere, dēdō, dēdidī, dēditum	ausliefern, übergeben	
flamma	Feuer, Flamme	e. flame, f. flamme
dubitāre, dubitō	zögern; zweifeln	
cēdere, cēdō, cessī, cessum	gehen, nachgeben, weichen	
levis, e	leicht, leichtsinnig	
rēs adversae *f Pl.*	unglückliche Umstände, Unglück	
accidere, accidō, accidī	geschehen, sich ereignen	e. accident
ratiō, ratiōnis *f*	Grund, Vernunft, Überlegung; Berechnung; Art und Weise	Ration, rational, rationell, e. reason, f. raison

dēesse, dēsum, dēfuī	abwesend sein, fehlen	
furor, furōris *m*	Wahnsinn, Wut	Furie, furios, e. fury, f. fureur

Phaedra	Phädra (Tochter des Minos auf Kreta, zweite Frau des Theseus)
Crēta	Kreta (griechische Insel)
Thēseus	Theseus (König von Athen)
Hippolytus	Hippolytos (Sohn des Theseus aus erster Ehe)

F 1 Substantive: ē-Deklination (5. Deklination)

Beispiel:
rēs, rĕī die Angelegenheit

	Sg.	Pl.
Nom.	**r-ēs**	**r-ēs**
Gen.	**r-ĕī**	**r-ērum**
Dat.	**r-ĕī**	**r-ēbus**
Akk.	**r-em**	**r-ēs**
Abl.	**r-ē**	**r-ēbus**

Fast alle Substantive dieser Deklinationsklasse sind Feminina.

F 2 Interrogativpronomen (Fragepronomen)

a) substantivisch

quis? wer?
quid? was?

	m/f	*n*
Nom.	**quis**	**quid**
Gen.	**cuius**	
Dat.	**cui**	
Akk.	**quem**	**quid**
Abl.	**ā quō / quōcum**	

Quis templum spectat?
Wer betrachtet den Tempel?

b) adjektivisch

qui ...? quae ...? quod ...? welcher ...? welche ...? welches ...?

Qui vir (quae mulier) templum spectat?
Welcher Mann (welche Frau) betrachtet den Tempel?

Wird das Interrogativpronomen (Fragepronomen) adjektivisch verwendet, so stimmen die Deklinationsformen mit denen des Relativpronomens (qui, quae, quod) überein (vgl. 15 **F**).

Fragewörter unterscheiden

cur	warum	quotiens	wie oft	quid	was
ubi	wo	quando	wann	quidnam	was denn
quo	wie, wo, wohin	quis	wer		
quin	warum nicht	quisnam	wer denn		

S Wort- und Satzfragen

a) Wortfragen

Sie werden mit einem Fragewort eingeleitet: *Quis* venit? *Wer* kommt?

b) Satzfragen

Sie können mit drei verschiedenen Fragepartikeln beginnen:

Venit-**ne**?	Kommt er?	**-ne** lässt die Antwort offen.
Nonne venit?	Kommt er (etwa) nicht?	**Nonne** zeigt, dass der Fragende die Antwort „ja (doch)" erwartet.
Num venit?	Kommt er etwa?	**Num** zeigt, dass der Fragende die Antwort „nein" erwartet.

Sprachen vergleichen

Fragen im **Lateinischen** und **Französischen**:

Ubi est ...? *f. où est ...?*
Quis est ...? *f. qui est ...?*
Quando ...? *f. quand ...?*

Sachfeld erstellen

Übersicht: Substantive (alle Deklinationsklassen)

Substantive nach Kasus

Nominativ

Sg.		Pl.		
domin-a	die / eine Herrin	**domin-ae**	(die) Herrinnen	a-Deklination
domin-us	der / ein Herr	**domin-ī**	(die) Herren	o-Deklination *m*
templ-um	der / ein Tempel	**templ-a**	(die) Tempel	o-Deklination *n*
senātor	der / ein Senator	**senātōr-ēs**	(die) Senatoren	3. Deklination *m*
corpus	der / ein Körper	**corpor-a**	(die) Körper	3. Deklination *n*
mōt-us	die / eine Bewegung	**mōt-ūs**	(die) Bewegungen	u-Deklination
r-ēs	die / eine Sache	**r-ēs**	(die) Sachen	e-Deklination

Genitiv

Sg.		Pl.		
domin-ae	der / einer Herrin	**domin-ārum**	der Herrinnen	a-Deklination
domin-ī	des / eines Herren	**domin-ōrum**	der Herren	o-Deklination *m*
templ-ī	des / eines Tempel	**templ-ōrum**	der Tempel	o-Deklination *n*
senātōr-is	des / eines Senators	**senātōr-um**	der Senatoren	3. Deklination *m*
corpor-is	des / eines Körper	**corpor-um**	der Körper	3. Deklination *n*
mōt-ūs	der / einer Bewegung	**mōt-uum**	der Bewegungen	u-Deklination
r-ĕī	der / einer Sache	**r-ērum**	der Sachen	e-Deklination

Dativ

Sg.		Pl.		
domin-ae	der / einer Herrin	**domin-īs**	(den) Herrinnen	a-Deklination
domin-ō	dem / einem Herren	**domin-īs**	(den) Herren	o-Deklination *m*
templ-ō	dem / einem Tempel	**templ-īs**	(den) Tempeln	o-Deklination *n*
senātōr-ī	dem / einem Senator	**senātōr-ibus**	(den) Senatoren	3. Deklination *m*
corpor-ī	dem / einem Körper	**corpor-ibus**	(den) Körpern	3. Deklination *n*
mōt-uī	der / einer Bewegung	**mōt-ibus**	(den) Bewegungen	u-Deklination
r-ĕī	der / einer Sache	**r-ēbus**	(den) Sachen	e-Deklination

Akkusativ

Sg.		Pl.		
domin-am	die / eine Herrin	**domin-ās**	(die) Herrinnen	a-Deklination
domin-um	den / einen Herren	**domin-ōs**	(die) Herren	o-Deklination *m*
templ-um	den / einen Tempel	**templ-a**	(die) Tempel	o-Deklination *n*
senātōr-em	den / einen Senator	**senātōr-ēs**	(die) Senatoren	3. Deklination *m*
corpus	den / einen Körper	**corpor-a**	(die) Körper	3. Deklination *n*
mōt-um	die / eine Bewegung	**mōt-ūs**	(die) Bewegungen	u-Deklination
r-em	die / eine Sache	**r-ēs**	(die) Sachen	e-Deklination

Ablativ

Sg.		Pl.	
(cum)	**domin-ā**	**domin-īs**	a-Deklination
(cum)	**domin-ō**	**domin-īs**	o-Deklination *m*
(in)	**templ-ō**	**templ-īs**	o-Deklination *n*
(cum)	**senātōr-e**	**senātōr-ibus**	3. Deklination *m*
	corpor-e	**corpor-ibus**	3. Deklination *n*
	mōt-ū	**mōt-ibus**	u-Deklination
	r-ē	**r-ēbus**	e-Deklination

Übersicht: Substantive (alle Deklinationsklassen)

Substantive nach Deklinationsklassen

a-Deklination

	Sg.	Pl.
Nom.	domin-a	domin-ae
Gen.	domin-ae	domin-ārum
Dat.	domin-ae	domin-īs
Akk.	domin-am	domin-ās
Abl.	domin-ā	domin-īs

o-Deklination

	Sg.	Pl.		Sg.	Pl.
Nom.	domin-us	domin-ī	Nom.	templ-um	templ-a
Gen.	domin-ī	domin-ōrum	Gen.	templ-ī	templ-ōrum
Dat.	domin-ō	domin-īs	Dat.	templ-ō	templ-īs
Akk.	domin-um	domin-ōs	Akk.	templ-um	templ-a
Abl.	domin-ō	domin-īs	Abl.	templ-ō	templ-īs

3. Deklination (Mischdeklination)

	Sg.	Pl.		Sg.	Pl.
Nom.	senātor	senātōr-ēs	Nom.	corpus	corpor-a
Gen.	senātōr-is	senātōr-um	Gen.	corpor-is	corpor-um
Dat.	senātōr-ī	senātōr-ibus	Dat.	corpor-ī	corpor-ibus
Akk.	senātōr-em	senātōr-ēs	Akk.	corpus	corpor-a
Abl.	senātōr-e	senātōr-ibus	Abl.	corpor-e	corpor-ibus

u-Deklination

	Sg.	Pl.
Nom.	mōt-us	mōt-ūs
Gen.	mōt-ūs	mōt-uum
Dat.	mōt-uī	mōt-ibus
Akk.	mōt-um	mōt-ūs
Abl.	mōt-ū	mōt-ibus

e-Deklination

	Sg.	Pl.
Nom.	r-ēs	r-ēs
Gen.	r-ĕī	r-ērum
Dat.	r-ĕī	r-ēbus
Akk.	r-em	r-ēs
Abl.	r-ē	r-ēbus

W

fortis	tapfer, kräftig	**dūcere**	führen, ziehen
crūdēlis	grausam	**cōnsistere**	halt machen, sich aufstellen
patria	Heimat	**respicere**	zurückblicken; berücksichtigen
clārus	berühmt, hell, klar	**praebēre**	geben, hinhalten
pater	Vater		

ācer, ācris, ācre	energisch, heftig, scharf	e. eager, f. âcre
saevus, a, um	schrecklich, wild, wütend	
quam	als, wie; *mit Superlativ:* möglichst	
quō ... eō	je ... desto	
parcere, parcō, pepercī *m. Dat.*	schonen, sparen	
īgnis, īgnis *m (Gen. Pl.* **-ium***)*	Feuer	
relinquere, relinquō, relīquī, **relictum**	unbeachtet lassen, verlassen, zurücklassen	
reddere, reddō, reddidī, redditum *m. dopp. Akk.*	jdn. zu etwas machen	e. render
familiāris, e	freundschaftlich, vertraut; *Subst.* Freund	familiär, e. familiar, f. familier
parvus, a, um	klein, gering	
ēdūcere, ēdūcō, ēdūxī, ēductum	herausführen	
cārus, a, um	lieb, teuer, wertvoll	„Caritas“ , f. cher
effugere, effugiō, effūgī *(m. Akk.)*	entfliehen, entkommen	
extrā *Präp. m. Akk.*	außerhalb (von)	
cōnspicere, cōnspiciō, cōnspexī, cōnspectum	erblicken	e. conspicuous
sē praebēre *m. Akk.*	sich zeigen (als), sich erweisen (als)	
saepe *Adv.*	oft	
umbra	Schatten	f. ombre
dulcis, e	angenehm, süß	„Dolce Vita“, f. doux
nūmen, nūminis *n*	Gottheit, göttlicher Wille	numinos
ēvenīre, ēveniō, ēvēnī, ēventum	sich ereignen	eventuell, „Event“
sēdēs, sēdis *f*	Sitz, Wohnsitz, Platz	e. seat
condere, condō, condidī, conditum	verwahren, verbergen, bestatten; erbauen, gründen	
facere *m. dopp. Akk.*	jdn. zu etwas machen	
retinēre, retineō, retinuī	behalten, festhalten, zurückhalten	e. to retain
commūnis, e	gemeinsam, allgemein	Kommunion, Kommunismus

Creūsa	Krëusa (Gattin des Äneas)

F 1 Adjektive: Steigerung (1)

a) longus, a, um	longior, ius	longissimus, a, um
lang	länger	der, die, das längste
long	*longer*	*longest*

Neben der Grundstufe der Adjektive (dem **Positiv**) gibt es im Lateinischen wie im Deutschen und Englischen

- den **Komparativ** (die Steigerungs- oder Vergleichsstufe),
- den **Superlativ** (die Höchststufe).

Zur Bildung dieser Formen wird

- im Komparativ **-ior** *(m/f)*, **-ius** *(n)*,
- im Superlativ **-issimus, a, um** an den Wortstamm angefügt.

Ausnahmen:
- Bei den Adjektiven auf -er wird der Superlativ mit **-rimus, a, um** gebildet, z.B. miser, miserrimus.
- Einige Adjektive auf -lis bilden den Superlativ auf **-limus, a, um**, z.B. facilis, facillimus.

b) Der **Komparativ** wird dekliniert wie die Substantive der 3. Deklination:

	Sg. *m/f*		*n*	Pl. *m/f*		*n*
Nom.	long-ior	long-ior	long-ius	long-iōr ēs	long-iōr-ēs	long-iōr-a
Gen.		long-iōr-is			long-iōr-um	
Dat.		long-iōr-ī			long-iōr-ibus	
Akk.	long-iōr-em	long-iōr-em	long-ius	long-iōr ēs	long-iōr-ēs	long-iōr-a
Abl.		long-iōr-e			long-iōr-ibus	

c) Die **Superlative** bilden die Flexionsformen wie die Adjektive der a- und o-Deklination.

F 2 Adverbien: Steigerung (1)

celer-iter	celer-**ius**	celerrim-**ē**
schnell	schneller	am schnellsten

Der Komparativ des Adverbs wird mit **-ius** gebildet, der Superlativ mit **-ē**.

celeriter
44 km/h

celerius
100 km/h

celerrime
180 km/h

S 1 Verwendung der Steigerungsformen

a) Iter longius est.
Der Weg ist *zu* weit / *ziemlich* weit.

Wird ein Komparativ gebraucht, ohne dass ein Vergleich durchgeführt wird, so übersetzt man je nach Sinnzusammenhang mit „(all)zu" oder „ziemlich".

b) Consul clarissimus est.
Der Konsul ist *sehr* berühmt / *hoch*berühmt.

Ein Superlativ drückt manchmal nicht den höchsten Grad, sondern nur eine Hervorhebung aus („Elativ").

c) quam celerrime
möglichst schnell

Bei einem Superlativ bedeutet quam „möglichst".

S 2 Vergleich mit quam / Ablativ des Vergleichs

Nemo fortior erat quam Aeneas.
Nemo fortior erat Aeneā.
Niemand war tapferer als Äneas.

Wird der Komparativ in einem Vergleich verwendet, so wird die Person oder Sache, mit der verglichen wird, mit quam („als") angeschlossen.
Anstelle der Konstruktion mit quam kommt auch der Ablativ des Vergleichs (Ablativus comparationis) vor.

S 3 Doppelter Akkusativ

Comites *Aeneam virum fortissimum* vocabant.
Die Gefährten nannten *Äneas einen sehr tapferen Mann.*

Aeneas *se virum fortissimum* praebuit.
Äneas zeigte *sich als sehr tapferer Mann.*

Ein doppelter Akkusativ entsteht meist dadurch, dass nach bestimmten Verben zu einem Akkusativobjekt ein Prädikatsnomen tritt, das mit dem Akkusativobjekt in Kongruenz steht, z.B. nach

vocare, appellare, nominare	nennen, bezeichnen (als)
putare	halten für
facere, reddere	machen (zu)
habere	halten für, haben als
se praebere	sich zeigen (als), sich erweisen (als)

W

mercātor	Kaufmann, Händler	**stāre**	stehen
multus	viel	**vendere**	verkaufen
bonus	gut	**honor / honōs**	Ehre, Ehrenamt
magnus	groß, bedeutend	**cūra**	Sorge, Pflege
parvus	klein, gering	**iter**	Reise, Weg, Marsch

melior, meliōris	besser	f. meilleur
optimus, a, um	der beste, sehr gut	optimal, Optimist
plūrimī, ae, a	sehr viele, die meisten	
portus, portūs *m*	Hafen	e./f. port
dīversus, a, um	entgegengesetzt, feindlich, verschieden	divers, e. diverse
lingua	Sprache, Rede	Linguistik, e. language
superior, superiōris	der frühere, der weiter oben gelegene	e. superior, f. supérieur
emere, emī, **ēmī, ēmptum**	kaufen	
etiam *m. Komparativ*	noch	
cōnstāre, cōnstō, cōnstitī	feststehen; kosten	konstant, Konstanze
magnō cōnstāre	viel kosten, teuer sein	
māior, māiōris	größer	
ūsus, ūsūs *m*	Nutzen, Benutzung	„Usus“, e. use
ūsuī esse *m. Dat.*	von Nutzen sein	
cōnsulere, cōnsulō, cōnsuluī, **cōnsultum**	*m. Akk.* befragen dē *m. Abl.* beraten über in *m. Akk.* Maßnahmen ergreifen gegen *m. Dat.* sorgen für	e. to consult
sūmere, sūmō, **sūmpsī, sūmptum**	nehmen	
pretium	Preis, Wert, Geld	Preziosen, e. price, f. prix
magnō pretiō emere / vendere	(für einen hohen Preis) teuer kaufen / verkaufen	
maximus, a, um	der größte, sehr groß	maximal, Maximum
honōrī esse *m. Dat.*	jdm. Ehre verschaffen	
scīlicet *Adv.*	freilich, natürlich, selbstverständlich	
cūrae esse *m. Dat.*	jdm. Sorge bereiten, jdm. wichtig sein	
minor, minōris	geringer, kleiner	Minorität, e. minor
lavāre, lavō, lāvī, lautum	waschen, reinigen	f. laver
manus manum lavat	eine Hand wäscht die andere	
optāre, optō	wünschen	Option, adoptieren
quippe	freilich	
minimus, a, um	der kleinste, der geringste	Minimum, minimal, Minimalist
vehere, vehō, vēxī, vectum	fahren, tragen, ziehen	Vehikel, Vektor

maximē *Adv.*	am meisten, besonders
plūrēs, a	mehr

Latīnus, a, um	lateinisch, latinisch (d.h. aus der italischen Landschaft Latium)
Italicus, a, um	aus Italien stammend (italisch, vom Stamm der Italer)
(Pūblius Aelius) Hadriānus	Hadrian (römischer Kaiser, 117–138 n. Chr.)
Ephesus *f*	Ephesos (bedeutende antike Hafenstadt in Kleinasien)
Alexandrīa	Alexandria (bedeutende antike Hafenstadt in Ägypten)
Antiochīa	Antiochia (bedeutende antike Hafenstadt in Syrien)

F 1 Adjektive: Steigerung (2)

Einige häufig gebrauchte Adjektive haben unregelmäßige Steigerungsformen, z. B.:

magnus groß	maior größer	maximus der größte	bonus gut	melior besser	optimus der beste
parvus klein	minor kleiner	minimus der kleinste	multi viele	plures mehr	plurimi die meisten

Alle unregelmäßigen Steigerungsformen werden im Wortschatz gelernt.

F 2 Adverbien: Steigerung (2)

a) Auch einige Adverbien, zu denen es keine Adjektivformen gibt, können gesteigert werden, z. B. saepe (oft), saepius (öfter), saepissime (sehr oft)

b) Einige Adverbien haben unregelmäßige Steigerungsformen, z. B. magis (mehr), maxime (am meisten, besonders).

Sie werden – wie die unregelmäßigen Steigerungsformen der Adjektive – im Wortschatz gelernt.

S 1 Dativ als Prädikatsnomen: Dativ des Zwecks

Hoc	magno usui est.
Das ist	von großem Nutzen.

Der Dativ eines abstrakten Substantivs (z.B. usus, honos, cura) gibt in Verbindung mit einer Form von esse an, welche Auswirkung oder welchen Zweck etwas hat (Dativus finalis).
Der Dativ des Zwecks ist als Prädikatsnomen aufzufassen.

S 2 Dativ als Adverbiale: Dativ des Vorteils

Hadrianus provinciis bene consuluit.
Hadrian sorgte gut für die Provinzen.

Der Dativ des Vorteils (Dativus commodi) bezeichnet eine Person oder Sache, für die eine Handlung geschieht bzw. zu deren Vorteil (oder Nachteil) etwas ist. Wir fragen „für wen?" oder „wofür?".

W

nāvis	Schiff	**mūnus**	Aufgabe; Geschenk
cōpia	Menge, Vorrat, Möglichkeit	**praeda**	Beute
accipere	aufnehmen, erhalten, erfahren	**īnstruere**	aufstellen, ausrüsten; unterrichten
num	etwa	**convīvium**	Gastmahl, Gelage
ultimus	der äußerste, der entfernteste, der letzte	**amplus**	weit, groß, bedeutend

aliquis, aliquid (*Gen.* **alicuius** usw.)	(irgend)jemand	
ubī terrārum?	wo in aller Welt?	
quid novī?	was an Neuigkeiten?	
ob *Präp. m. Akk.*	wegen; für	
quis vestrum?	wer von euch?	
nōscere, nōscō, nōvī, nōtum	erkennen, kennenlernen	
nō(vi)sse, nōvī *Perf.*	kennen, wissen	e. to know
nōmine	namens, mit Namen	
cēnāre, cēnō	essen	
rēctē *Adv.*	geradeaus, richtig, zu Recht	e. right
multōs annōs	viele Jahre (lang) *(wie lange?)*	
praeesse, praesum, praefuī *m. Dat.*	an der Spitze stehen, leiten	
inde *Adv.*	von dort; darauf; deshalb	
genus, generis *n*	Abstammung, Art, Geschlecht	Genus, Genre, generell
ingenium	Begabung, Talent	Ingenieur
ēgregius, a, um	ausgezeichnet, hervorragend	
pertinēre, pertineō *(**ad** m. Akk.)*	betreffen, gehören (zu), sich erstrecken (bis)	e. to pertain
quid ad rem pertinet?	was tut das zur Sache?	
nōn modo ... sed etiam	nicht nur ... sondern auch	
mīlitāris, e	Kriegs-, militärisch	Militär, e. military
ōtium	freie Zeit, Ruhe (von berufl. Tätigkeit)	
sūmptus, sūmptūs *m*	der Aufwand, die Kosten	
sūmptūs facere	Ausgaben tätigen	
varius, a, um	bunt, verschieden, vielfältig	variabel, Variante
voluptās, voluptātis *f*	Lust, Vergnügen	
multum *Adv.*	sehr, viel	
solēre, soleō *(m. Inf.)*	gewöhnlich etw. tun, gewohnt sein	

Asia	Asien (röm. Provinz)
Lūcullus	Lukull (röm. Feldherr und Politiker)

quaestor, ōris *m*	Quästor (röm. Beamter, verantwortlich für die Staatskasse)
aedīlis, is *m*	Ädil (röm. Polizeibeamter)
praetor, ōris *m*	Prätor (röm. Beamter, zuständig für das Rechtswesen)

F Indefinitpronomen: (ali)quis

a) substantivisch

aliquis irgendjemand
aliquid irgendetwas

	m/f	*n*
Nom.	**aliquis**	**aliquid**
Gen.	**alicuius**	**alicuius reī**
	usw.	usw.

Beim Indefinitpronomen (unbestimmten Fürwort) aliquis werden die Deklinationsformen des Interrogativpronomens quis (vgl. 32 **F 2** a) um das Präfix ali- erweitert.

b) adjektivisch

aliquī vir irgendein Mann

Wird das Indefinitpronomen adjektivisch verwendet, so stimmen die dem Präfix ali- folgenden Deklinationsformen weitgehend mit denen des Relativpronomens (qui, quae, quod) überein (vgl. 15 **F**):

	Sg. *m*	*f*	*n*	Pl. *m*	*f*	*n*
Nom.	**aliquī**	**aliqua**	**aliquod**	**aliquī**	**aliquae**	**aliqua**
Gen.		**alicuius**		**aliquōrum**	**aliquārum**	**aliquōrum**
		usw.			usw.	

c) sī quis wenn jemand

Nach si, num, cum und einigen anderen „kleinen Wörtern" fällt das Präfix ali- weg.

S 1 Genitiv als Prädikatsnomen: Genitiv der Zugehörigkeit

a) Haec domus *est patris.*
Dieses Haus *gehört dem Vater.*

Der Genitiv der Zugehörigkeit hebt den Eigentümer einer Sache hervor (Genitivus possessivus).

b) *Consulis est* civitatem regere.
Es ist die Aufgabe eines Konsuls, den Staat zu lenken.

Viri vere magni est nihil timere.
Es ist typisch für einen wirklich großen Mann, nichts zu fürchten.

Wendungen, die aus einem Genitiv der Zugehörigkeit und einem unpersönlichen est bestehen, drücken aus, dass etwas Aufgabe, Pflicht oder charakteristische Eigenschaft der Person ist, die im Genitiv steht.

c) Da der Genitiv der Zugehörigkeit eng zur Form von esse gehört und mit dieser das Prädikat bildet, wird er als Prädikatsnomen aufgefasst.

S 2 Genitiv als Attribut: Genitivus partitivus

Cur ibi multitudo *hominum* est?
Pars *eorum* ad tabernas contendit, pars stat et spectat.

Warum ist dort eine Menge *Menschen*?
Ein Teil von *ihnen* eilt zu den Läden, ein (anderer) Teil steht herum und schaut.

Der Genitivus partitivus (hier: hominum bzw. eorum) bezeichnet die Gesamtheit, von der ein bestimmter Teil (hier: multitudo bzw. pars) genannt wird.

Der Genitivus partitivus steht hauptsächlich bei Maß- und Mengenangaben (z.B. vis, copia, pars, multum) sowie bei einigen Pronomina (z.B. nemo, quis). Er ist als Attribut aufzufassen.

Beachte folgende Wendungen:

multum pecuniae	quid novi?	ubi terrarum?	quis vestrum?
viel Geld	Was (gibt es) Neues?	wo auf der Welt?	wer von euch?

Sprachenvergleich nutzen

Welche **lateinischen Adjektive** gehören zu den folgenden **französischen**?

militaire – varié – divers

Das Gleiche für die **Substantive**: *genre – volupté – port – usage*

Bedeutung aus dem Kontext erschließen

Romulus urbem Romam condidit. Antigona fratrem condidit.	Romulus gründete die Stadt Rom. Antigone bestattete ihren Bruder.
Imperator milites coegit. Milites pugnare coegit.	Der Feldherr (ver)sammelte die Soldaten. Er zwang die Soldaten zu kämpfen.
Manus ad caelum tollimus. Amicis timorem tollimus.	Wir (er)heben die Hände zum Himmel. Wir nehmen den Freunden die Furcht.
Amic*o* persuasi. Serv*o* peperci. Exercit*ui* praefui.	Ich habe *den* Freund überzeugt (überredet). Ich habe *den* Sklaven geschont. Ich habe *das* Heer befehligt (kommandiert).
Omn*ibus* virtute praestitit. Magn*am* virtut*em* praestitit.	Er übertraf alle an Tapferkeit. Er zeigte (bewies) große Tapferkeit.
Oracul*um* consulimus. Liber*is* bene consulimus. In hostes vehementer consulimus.	Wir fragen das Orakel um Rat. Wir sorgen gut für unsere Kinder. Wir gehen energisch gegen die Feinde vor.
Dominus librum quaerit. Servus dominum quaerit. Amica pretium *e mercatore* quaerit.	Der Herr will ein Buch kaufen (erwerben). Der Sklave sucht den Herrn. Die Freundin fragt *den Kaufmann* nach dem Preis.

W			
salūs	Gesundheit, Glück, Rettung, Gruß	**nūntius**	Bote, Nachricht
fortis	tapfer, kräftig	**iterum**	wiederum
mīrus	wunderbar, erstaunlich	**cūnctī**	alle (zusammen)
		vīs	Gewalt, Kraft; Menge

ferre, ferō, tulī, lātum	bringen, tragen; ertragen	
morbus	Krankheit	morbid
minus *Adv.*	weniger	minus, f. moins
prius *Adv.*	früher, zuerst	
memoria	Erinnerung, Gedächtnis; Zeit	Memoiren, Memory, e. memory, f. mémoire
memoriā tenēre	im Gedächtnis behalten	
illud philosophōrum	jenes bekannte Wort der Philosophen	
atque / ac	und, und auch; *im Vergleich:* wie, als	
condiciō, condiciōnis *f*	Bedingung, Lage, Verabredung	Kondition, e./f. condition
scrībere, scrībō, scrīpsī, scrīptum	beschreiben, schreiben	Schrift, Skript, f. écrire
magnitūdō, magnitūdinis *f*	Größe	e. magnitude
cōnferre, cōnferō, cōntulī, collātum	vergleichen; zusammentragen	Konferenz, cf. (confer!), e. to confer
vīsere, vīsō, vīsī, vīsum	besichtigen, besuchen	Visite, Visitenkarte
afferre, afferō, attulī, allātum	bringen, herbeibringen, mitbringen; melden	
quīdam, quaedam, quoddam (*Akk. Sg.* **quendam, quandam**)	ein gewisser, (irgend)einer; *Pl.* einige	
aedis, aedis *f* (*Gen. Pl.* **-ium**)	Tempel; *Pl.* Haus, Gebäude	
theātrum	Theater	
cernere, cernō	sehen, bemerken	Kon-zern
statūra	Gestalt, Statur	
dēscendere, dēscendō, dēscendī, dēscēnsum	herabsteigen	Deszendenz, e. to descend, f. déscendre
ēiusmodī *indekl.*	derartig, so beschaffen	
auferre, auferō, abstulī, ablātum	rauben, wegbringen	Ablativ
impius, a, um	gottlos, gewissenlos	e. impious
postrēmō *Adv.*	schließlich; kurz (gesagt)	
praesidium	(Wach-)Posten, Schutz(truppe)	Präsidium, Präsident
tunc *Adv.*	damals, dann	
circumvenīre, circumveniō, circumvēnī, circumventum	umringen, umzingeln	

Fortsetzung →

āvertere, āvertō, āvertī, āversum	abwenden, vertreiben	Aversion, e. to avert
forās *Adv.*	heraus, hinaus *(wohin?)*	
laetus, a, um	froh; fruchtbar	

Diāna	Diana (Göttin der Jagd und der Natur; griech. Artemis)
Ephesius, a, um	aus Ephesos
Ephesiī, ōrum *m Pl.*	die Ephesier (Einwohner von Ephesos)

F Verben: ferre

a) Infinitiv Präsens

fer-re	tragen
fer-rī	getragen werden

b) Präsensstamm

		Aktiv Sg.	Aktiv Pl.	Passiv Sg.	Passiv Pl.
Ind. Präs.	1. Pers.	**fer-ō**	**fér-i-mus**	**fer-or**	**fér-i-mur**
	2. Pers.	**fer-s**	**fer-tis**	**fer-ris**	**fer-i-minī**
	3. Pers.	**fer-t**	**fer-u-nt**	**fer-tur**	**fer-u-ntur**
Ind. Impf.	1. Pers.	**fer-ēba-m**	usw.	**fer-ēba-r**	usw.
Futur	1. Pers.	**fer-a-m**		**fer-a-r**	
	2. Pers.	**fer-ē-s**	usw.	**fer-ē-ris**	usw.

Die Formen des Präsensstammes von ferre werden regelmäßig gebildet; vor den Endungen, die mit -m, -n oder -b beginnen, wird ein Bindevokal eingefügt.

Imperativ	**fer**	trage!	**fer-te**	tragt!

c) Perfektstamm

Stammformen: ferre ferō tulī lātum

		Aktiv Sg.		Passiv Sg.	
Ind. Perf.	1. Pers.	**tul-ī**		**lātus, a, um sum**	
	2. Pers.	**tul-istī**	usw.	**lātus, a, um es**	usw.
Ind. Plusqpf.	1. Pers.	**tul-era-m**		**lātus, a, um eram**	
	2. Pers.	**tul-erā-s**	usw.	**lātus, a, um erās**	usw.

d) Komposita

Die Bedeutungen der Komposita von ferre sind meist leicht zu erschließen.
Allerdings werden die Vorsilben häufig assimiliert (angeglichen),
z.B. a**f**-ferre aus a**d**-ferre, a**l**-latum aus a**d**-latum.

S 1 Ablativ als Prädikatsnomen / Attribut: Ablativ der Beschaffenheit

Milites magna audacia erant.
(Die Soldaten waren von großem Mut.)
Die Soldaten waren sehr mutig.

Der Ablativ der Beschaffenheit (Ablativus qualitatis) bezeichnet eine Eigenschaft.
Bei Formen von esse ist er als Prädikatsnomen aufzufassen.

Cicero, vir summo ingenio (= summi ingenii), multos libros legit.
Cicero, ein Mann von (mit) höchster Begabung, las viele Bücher.

Bisweilen wird der Ablativ der Beschaffenheit wie der Genitiv der Beschaffenheit als Attribut verwendet.

S 2 Genitiv als Attribut: Genitiv der Beschaffenheit

res *eius modi*	eine Sache *von dieser Art*, eine *derartige* Sache
iter *paucorum dierum*	ein Marsch *von wenigen Tagen*
vir *summi ingenii*	ein Mann *von (mit) höchster Begabung*

Der Genitiv kann die Beschaffenheit oder Eigenart eines Substantivs bezeichnen (Genitivus qualitatis).
Er gehört meist als Attribut zu diesem Substantiv.

Wortfeld zusammenstellen

Denken

aestimare einschätzen, beurteilen

agitare betreiben, überlegen

cernere sehen, bemerken

cogitare beabsichtigen, denken

conicere folgern, vermuten

cognoscere erkennen, kennenlernen

componere vergleichen

memoria tenere im Gedächtnis behalten

conferre vergleichen, zusammentragen

ignorare nicht kennen, nicht wissen

intellegere (be)merken, verstehen

non ignorare gut kennen, wohl wissen

scire kennen, verstehen, wissen

nescire nicht wissen

invenire finden, erfinden

W

hodiē	heute	**tantum**	nur
rīdēre	lachen, auslachen	**commūnis**	gemeinsam, allgemein
senex	Greis, alter Mann	**convertere**	verändern, (um)wenden
ōrnāre	schmücken	**iter**	Reise, Weg, Marsch
tālis	derartig, ein solcher, so (beschaffen)	**bonum**	das Gut(e)

unde	woher	
quārē	weshalb, wodurch; *rel. Satzanschluss:* deshalb	
hercule(s)!	beim Herkules!	
quid āctum est?	was ist passiert?	
lībertīnus	Freigelassener	
dīves, dīvitis	reich	
rārus, a, um	selten, vereinzelt	rar, Rarität, e./f. rare
modo *Adv.*	eben (noch); nur	
singulus, a, um	je ein, jeder einzelne	Single, Singular, singulär
trēs, trēs, tria	drei	Trio, e. three
mollis, e	weich, angenehm; freundlich	Moll, mollig
idōneus, a, um	geeignet, passend	
ōs, ōris *n*	Gesicht, Mund	oral
in ōre omnium esse	in aller Munde sein	
mihi magnae cūrae est	es ist mir sehr wichtig	
spectāre, spectō	betrachten, hinsehen; anstreben	
impōnere, impōnō, imposuī, impositum	auferlegen, (hin)einsetzen	imponieren, e. to impose
pēs, pedis *m*	Fuß	Pedal, Expedition, e. foot
nōndum	noch nicht	
tegere, tegō, tēxī, tēctum	bedecken, schützen, verbergen	Pro-tektion
cantāre	singen	Kantate, f. chanter
nimium *Adv.*	(all)zu, (all)zu sehr	
dīligēns, dīligentis	gewissenhaft, sorgfältig	e./f. diligent
bona animī *n Pl.*	innere Werte	
laus, laudis *f*	Lob, Ruhm	
laudī esse	lobenswert sein	

Herculēs, Herculis *m*	Herkules (griechischer Nationalheld, Sohn Jupiters)

Sprachen vergleichen

unus	*i. uno*	*f. un*	*s. un*
duo	*i. due*	*f. deux*	*s. dos*
tres	*i. tre*	*f. trois*	*s. tres*

F Verben: Konjunktiv Imperfekt und Plusquamperfekt

Die lateinischen Verbformen geben außer der Person, dem Numerus (Singular bzw. Plural), dem Tempus (z. B. Präsens, Imperfekt) und dem Genus verbi (Aktiv bzw. Passiv) auch den **Modus** (die Aussageweise) an; man unterscheidet drei Modi:

- **Indikativ** (sog. Wirklichkeitsform, z. B. „er geht"),
- **Imperativ** (Befehlsform, z. B. „geh!"),
- **Konjunktiv** (sog. Möglichkeitsform, z. B. „er ginge, würde gehen").

a) Konjunktiv Imperfekt

vocā-**re**-m ich würde rufen

vocā-**re**-r ich würde gerufen (werden)

Aktiv	ā-Konjugation	ē-Konjugation	ī-Konjugation	kons. Konjugation	
1. Pers.	**vocā-re-m**	**monē-re-m**	**audī-re-m**	**ag-ere-m**	**cap-ere-m**
2. Pers.	**vocā-rē-s**	**monē-rē-s**	**audī-rē-s**	**ag-erē-s**	**cap-erē-s**
Sg.	usw.	usw.	usw.	usw.	usw.
Passiv					
1. Pers.	**vocā-re-r**	**monē-re-r**	**audī-re-r**	**ag-ere-r**	**cap-ere-r**
2. Pers.	**vocā-rē-ris**	**monē-rē-ris**	**audī-rē-ris**	**ag-erē-ris**	**cap-erē-ris**
Sg.	usw.	usw.	usw.	usw.	usw.

Der Konjunktiv Imperfekt wird ebenso wie der Indikativ Imperfekt in allen Konjugationen gleich gebildet. Zeichen des Konjunktiv Imperfekt ist **-re-** bzw. **-ere-**.

Besonders zu beachten sind:

Konj. Impf.	Akt.		Infinitiv
īrem, īrēs	usw.	zu	**īre**
essem, essēs	usw.	zu	**esse**
vellem, vellēs	usw.	zu	**velle**
nōllem, nōllēs	usw.	zu	**nōlle**
ferrem, ferrēs	usw.	zu	**ferre**

Vollständige Tabellen befinden sich im Tabellarium, S. 162ff., und S. 134f.

b) Konjunktiv Plusquamperfekt

	Aktiv		Passiv	
1. Pers.	**vocā-v-isse-m**	ich hätte gerufen	**vocā-tus, a, um essem**	ich wäre gerufen worden
2. Pers.	**vocā-v-issē-s**	usw.	**vocā-tus, a, um essēs**	usw.

Die Formen des Konjunktiv Plusquamperfekt werden in allen Konjugationen gleich gebildet.

Zeichen des Konjunktiv Plusquamperfekt Aktiv ist **-isse-**, das an den Perfektstamm angefügt wird. Im Passiv steht nach der PPP-Form eine Form des Konjunktiv Imperfekt von esse (z. B. vocatus esset).

Die Formen von **esse** lauten: fuissem, fuissēs usw.
Die Formen von **ire** lauten: īssem, īssēs usw.

Vollständige Tabellen befinden sich im Tabellarium, S. 162ff., und S. 134f.

S Konjunktiv als Irrealis

Marcum vocarem, si adesset.
Ich würde Markus rufen, wenn er da wäre.

Marcum vocavissem, si adfuisset.
Ich hätte Markus gerufen, wenn er da gewesen wäre.

Der **Konjunktiv Imperfekt** sowie der **Konjunktiv Plusquamperfekt** drücken aus, dass etwas sein könnte, aber nicht ist, bzw. dass etwas hätte sein können, aber nicht war.
Sie dienen also zum Ausdruck des **Irrealis** (der „Nichtwirklichkeit") in Bezug auf die Gegenwart bzw. die Vergangenheit.

Vergleiche:

promitte-re-nt	promis-isse-t
sie würden versprechen	er hätte versprochen
they would promise	*he would have promised*

Solche Konjunktive kommen in der gleichen Funktion auch im Deutschen und Englischen vor.

Unus, duo, tres

	m	*f*	*n*	*m*	*f*	*n*	*m*	*f*	*n*
Nom.	**ūnus**	**ūna**	**ūnum**	**duo**	**duae**	**duo**	**trēs**	**trēs**	**tria**
Gen.		**ūnīus**		**duōrum**	**duārum**	**duōrum**		**trium**	
Dat.		**ūnī**		**duōbus**	**duābus**	**duōbus**		**tribus**	
Akk.	**ūnum**	**ūnam**	**ūnum**	**duo(s)**	**duās**	**duo**	**trēs**	**trēs**	**tria**
Abl.	**ūnō**	**ūnā**	**ūnō**	**duōbus**	**duābus**	**duōbus**		**tribus**	

Fremdwörter erschließen

Aussagen – wie wir sie täglich in der Zeitung lesen oder in Nachrichten hören:

Die *Kollekte* für die Flutopfer erbrachte ein stolzes Ergebnis.
Die Politiker *appellierten* an die *soziale* Verantwortung der Bürger.
Die *Pazifisten* demonstrierten gegen die Teilnahme an dem *Militär*schlag.
Bei der *Moden*schau sah man attraktive *Modelle*.
Die Mannschaft beherrschte eine *varianten*reiche *Defensiv*taktik.
Das *Präsidium* des Konzerns berief eilig eine *Konferenz* ein.
Bei der *Auktion* kamen wieder erlesene *Raritäten* zur Versteigerung.
Die Sängerin *imponierte* mit einer anspruchsvollen *Kantate*.

W

genus	Abstammung, Art, Geschlecht	**mandāre**	einen Auftrag geben, übergeben
homō	Mensch	**afferre**	bringen, herbeibringen, mitbringen; melden
nōbilis	adelig, berühmt, vornehm		
cūrae esse	Sorge bereiten, wichtig sein	**memoria**	Erinnerung, Gedächtnis; Zeit
causa	Ursache, Sache, Prozess	**studēre**	sich (wissenschaftlich) beschäftigen, sich bemühen (um), streben (nach)
magnus	groß, bedeutend		

plēbs, plēbis *f*	(nicht adeliges, einfaches) Volk	Plebejer, Plebiszit, e. plebs
cōnsuēscere, cōnsuēscō, consuēvī, consuētum	sich gewöhnen (an); *Perf.* gewohnt sein	Kostüm, e. custom
multum / omnia posse	(viel / alles können) große / unumschränkte Macht haben	
plūrimum *Adv.*	am meisten, sehr viel	
nōbilitās, nōbilitātis *f*	Adel, vornehme Abstammung	Nobilität, e. nobility
manus, manūs *f*	Hand; Schar (von Bewaffneten)	
ōrdō, ōrdinis *m*	Ordnung, Reihe, Stand	Orden, e. order
iūdicium	Gericht, Urteil	e. judgement
poena	Strafe	Pein, e. penalty
sermō, sermōnis *m*	Äußerung, Gerede, Gespräch, Sprache	„Sermon“
aut	oder	
causā *(nachgestellt) m. Gen.*	wegen	h.c. (honoris causa)
frequēns, frequentis	häufig, zahlreich	Frequenz, frequentieren
numerus	Menge, Zahl	Nummer, nummerieren, e. number, f. nombre
versus, versūs *m*	Zeile, Vers	e. verse, f. vers
discere, discō, didicī	lernen, erfahren	
iuventūs, iuventūtis *f*	Jugend	e. youth
trādere, trādō, trādidī, trāditum	übergeben, überliefern	tradieren, Tradition, e./f. tradition
sīdus, sīderis *n*	Stern, Sternbild	
potestās, potestātis *f*	(Amts-)Gewalt, Macht	
littera	Buchstabe; *Pl.* Brief; Literatur, Wissenschaft	Letter, Alliteration, e. letter, f. lettre
litterīs mandāre	schriftlich festhalten, aufschreiben	
tametsī	obwohl	
causam afferre	als Grund nennen	
vulgus, vulgī *n*	die Leute (aus dem Volk), der Pöbel, die große Masse	vulgär

Fortsetzung →

memoriae studēre	das Gedächtnis üben
aperīre, aperiō, aperuī, **apertum**	aufdecken, öffnen
rapere, rapiō, rapuī, **raptum**	wegführen, rauben, wegreißen
druidēs, druidum *m Pl.*	Druiden (Priester der Kelten)

F1 Verben: esse (Zusammenfassung)

a) Infinitiv Präsens **es-se** sein

b) Präsensstamm

		Präsens Sg.	Präsens Pl.	Imperfekt Sg.	Futur Sg.	Futur Pl.
Indikativ	1. Pers.	**s-u-m**	**s-u-mus**	**er-a-m**	**er-ō**	**er-i-mus**
	2. Pers.	**es**	**es-tis**	**er-ā-s**	**er-i-s**	**er-i-tis**
	3. Pers.	**es-t**	**s-u-nt**	usw.	**er-i-t**	**er-u-nt**
Imperativ		**es**	**es-te**			

Konjunktiv Imperfekt: essem, essēs usw.

c) Perfektstamm

		Perfekt Sg.	Perfekt Pl.	Plusquamperfekt Sg.
Indikativ	1. Pers.	**fu-ī**	**fu-imus**	**fu-eram**
	2. Pers.	**fu-istī**	**fu-istis**	**fu-erās**
	3. Pers.	**fu-it**	**fu-ērunt**	usw.

Konjunktiv Plusquamperfekt: fuissem, fuissēs usw.
Infinitiv Perfekt: fuisse

d) Komposita

Die Grundbedeutungen der Komposita von esse sind leicht zu erschließen. Allerdings werden die Vorsilben z.T. assimiliert (angeglichen), z.B.:

ab-esse, ā-fui
ad-esse, af-fui (adfui)

F 2 Verben: posse (Erweiterung)

posse können, vermögen

		Präsens Sg.	Pl.	Imperfekt Sg.	Futur Sg.	Pl.
Indikativ	1. Pers.	**pos-sum**	**pos-sumus**	**pot-eram**	**pot-erō**	**pot-erimus**
	2. Pers.	**pot-es**	**pot-estis**	usw.	**pot-eris**	**pot-eritis**
	3. Pers.	**pot-est**	**pos-sunt**		**pot-erit**	**pot-erunt**

Konjunktiv Imperfekt: possem, possēs usw.
Perfektstamm: potu- (potuī, potuistī usw.)

Die Formen von posse sind aus dem alten Adjektiv potis (mächtig, fähig) und dem Hilfsverb esse entstanden. Vor Vokal steht pot-, vor s wird pot- zu pos- assimiliert (angeglichen).

S Prädikativum

a) Erscheinungsform

Cicero tristis Romam reliquit.
Cicero verließ traurig Rom.

Hannibal puer libenter inter milites erat.
Hannibal war als Junge gerne unter den Soldaten.

Im Lateinischen können bestimmte **Substantive** und **Adjektive** im Nominativ zur Ergänzung eines Vollverbs prädikativ gebraucht werden; ein so verwendetes Nomen heißt **Prädikativum**.

- Substantivische Prädikativa sind häufig Altersangaben oder Amtsbezeichnungen, z. B. senex, puer, consul.
- Adjektivische Prädikativa bezeichnen oft einen körperlichen oder seelischen Zustand, eine Reihenfolge oder Menge, z. B. laetus, tristis, unus, primus.

Bei den Adjektiven ist eine wörtliche Übersetzung möglich, bei den Substantiven muss im Deutschen „als“ eingefügt werden.

b) Satzgliedfunktion

Das Prädikativum lässt sich im Deutschen, da es ein Vollverb näher erläutert, als Adverbiale auffassen; im Gegensatz zu den Adverbialien ist es jedoch – wie das Partizip – mit einem Bezugswort (hier: Cicero bzw. Hannibal) kongruent.

Wortfamilien erkennen

```
           potestas
              |
posse,     potest
              |
           potens, potentis
                      |
                   potentia

                  rex      rec-te
                   |        |
regere,  reg-o,  rex-i,  rec-tum
           |
         reg-num
         reg-ius
         reg-io

liber-i
   |
liber
   |
liber-tus
liber-tinus
liber-are
```

W

scrībere	beschreiben, schreiben	**dēserere**	im Stich lassen, verlassen
mīles	Soldat	**ferre**	bringen, tragen; ertragen
adīre	herantreten (an), bitten	**facilis**	leicht (zu tun)
amīcus	Freund	**auctor**	Anführer, Gründer, Ratgeber, Verfasser
inimīcus	feindlich; Feind		
petere	(auf)suchen, (er)streben, bitten, verlangen		

ut *Subj. m. Konj.*	dass, sodass, damit	
nē *Subj. m. Konj.*	dass nicht, damit nicht; dass *(nach Ausdrücken des Fürchtens und Hinderns)*	
cum *Subj. m. Konj.*	als, nachdem; weil; obwohl; während (dagegen)	
contendere, contendō, contendī	eilen; sich anstrengen, kämpfen; behaupten	
auxilium	Hilfe; *Pl.* Hilfstruppen	
cōnscrībere, cōnscrībō, conscrīpsī, conscrīptum	aufschreiben, verfassen	
mīlitēs conscrībere	Soldaten anwerben	
lībertās, lībertātis *f*	Freiheit	e. liberty, f. liberté
prīnceps, prīncipis *m*	der Erste, der führende Mann	Prinz, e./f. prince
vīcus	Dorf, Gasse	
amīcitia	Freundschaft	f. amitié
dēmōnstrāre, dēmōnstrō	beweisen, darlegen	demonstrieren
addūcere, addūcō, addūxī, adductum	heranführen, veranlassen	
referre, referō, rettulī, relātum	(zurück)bringen, berichten	Referat, Referent, Relation, relativ
facile *Adv.*	leicht (zu tun)	
dēficere ā *m. Abl.*	abfallen von	
auctōritās, auctōritātis *f*	Ansehen, Einfluss, Macht	Autorität, e. authority
efficere, efficiō, effēcī, effectum	bewirken, herstellen	effizient, Effekt, Koeffizient, e. efficient
licentia	Freiheit, Willkür	Lizenz, e./f. licence
revocāre, revocō	zurückrufen	
timēre, nē	fürchten, dass	
novīs rēbus studēre	nach Umsturz streben	
castra, castrōrum *n Pl.*	Lager	
pōscere, pōscō, popōscī	fordern, verlangen	
centum *indekl.*	hundert	Zenti-meter, Cent, Prozent

obses, obsidis *m/f*	Geisel
cōnsīdere, cōnsīdō, **cōnsēdī**	sich setzen, sich niederlassen

Treverī, Treverōrum *m Pl.*	die Treverer (gallischer Stamm, der in der Gegend des heutigen Trier siedelte)
Indutiomārus	Indutiomarus (ein Anführer des Stammes der Treverer)
Cingetorīx, Cingetorīgis *m*	Cingetorix (ein Anführer des Stammes der Treverer)

Kulturwörter zusammenstellen

libertas	*f. liberté*	*i. libertà*	*s. libertad*
princeps	*f. prince*	*i. principe*	*s. príncipe*

F Verben: Konjunktiv Präsens

	ā-Konjugation	ē-Konjugation	ī-Konjugation	kons. Konjugation	
Aktiv					
1. Pers.	**voc-e-m**	**mone-a-m**	**audi-a-m**	**ag-a-m**	**capi-a-m**
2. Pers.	**voc-ē-s**	**mone-ā-s**	**audi-ā-s**	**ag-ā-s**	**capi-ā-s**
Sg.	usw.	usw.	usw.	usw.	usw.
Passiv					
1. Pers.	**voc-e-r**	**mone-a-r**	**audi-a-r**	**ag-a-r**	**capi-a-r**
2. Pers.	**voc-ē-ris**	**mone-ā-ris**	**audi-ā-ris**	**ag-ā-ris**	**capi-ā-ris**
Sg.	usw.	usw.	usw.	usw.	usw.

Zeichen für den Konjunktiv Präsens ist **-a-**, bei der a-Konjugation jedoch **-e-**.

Besonders zu beachten sind:

Konj. Präs. Akt.			Infinitiv
eam, eās	usw.	zu	**īre**
sim, sīs	usw.	zu	**esse**
possim, possīs	usw.	zu	**posse**
velim, velīs	usw.	zu	**velle**
nōlim, nōlīs	usw.	zu	**nōlle**
feram, ferās	usw.	zu	**ferre**

Vollständige Tabellen befinden sich im Tabellarium, S. 162ff., und S. 134f.

Eine allgemeingültige deutsche Übersetzung für die Formen des lateinischen Konjunktiv Präsens kann nicht angegeben werden. In Hauptsätzen kann er manchmal mit „mögen" umschrieben werden (z.B. capias: du mögest ergreifen).

S 1 Konjunktiv in Gliedsätzen

a) Gliedsätze als Objekt (Begehrsätze)

Te oro, ut mihi consilium des.
Ich bitte dich, dass du mir einen Rat gibst.
Ich bitte dich, mir einen Rat zu geben.

Te oro, ne abeas.
Ich bitte dich, dass du nicht weggehst.
Ich bitte dich, nicht wegzugehen.

Abhängige Begehrsätze enthalten Wünsche und Aufforderungen.
Bei der Wiedergabe im Deutschen wird der Indikativ oder der Infinitiv mit „zu" verwendet.

Timeo, ne abeas.
Ich fürchte, dass du weggehst.

Nach Verben und Ausdrücken des Fürchtens (z.B. timere, periculum est) heißt ne (m. Konj.) „dass".

b) Gliedsätze als Adverbiale (Konsekutivsätze)

Tantus erat timor, *ut* omnes fugerent.
Die Angst war *so groß, dass* alle flohen.

Tantus erat timor, *ut* milites imperatori *non* parerent.
Die Angst war *so groß, dass* die Soldaten dem Feldherrn *nicht* gehorchten.

Die Subjunktion **ut** kann **konsekutive** Gliedsätze (Folgesätze) einleiten. Konsekutivsätze werden mit **non** verneint. Auf ein konsekutives ut weist im übergeordneten Satz meistens ein „Signalwort" wie ita, tantus o. Ä. hin. Der lateinische Konjunktiv wird mit deutschem Indikativ wiedergegeben.

c) Gliedsätze als Adverbiale (Finalsätze)

Omnes fugiebant,	*ut* se servarent.	Omnes fugiebant,	*ne* perirent.
Alle flohen,	*um* sich zu retten (*damit* sie sich retteten).	Alle flohen,	*um nicht* umzukommen.

Die Subjunktion **ut** kann auch **finale** Gliedsätze (Absichtssätze) einleiten.
Verneinte Finalsätze werden mit **ne** eingeleitet.
Im Deutschen wird der Finalsatz eingeleitet durch: „dass (nicht)", „damit (nicht)", „um (nicht) zu".

Der lateinische Konjunktiv wird im Deutschen mit Indikativ (oder Infinitiv) wiedergegeben.

S 2 Gliedsätze als Adverbiale (Übersicht)

Die meisten lateinischen Gliedsätze haben die Satzgliedfunktion des Adverbiales. Die Subjunktionen drücken die adverbiale Sinnrichtung des jeweiligen Gliedsatzes aus. Ob der lateinische Gliedsatz im Indikativ oder Konjunktiv steht, ist durch die Subjunktion (und ggf. durch die Sinnrichtung) festgelegt.

Die folgende Übersicht enthält – gegliedert nach den Sinnrichtungen – die bisher bekannten Subjunktionen (vgl. auch 17 **S 2 – 3**):

a) Temporalsätze

Indikativische Temporalsätze
werden eingeleitet mit:

cum	(zu der Zeit) als; (immer) wenn; als (plötzlich)
postquam (Ind. Perf.)	nachdem
ubi (primum) (Ind. Perf.)	sobald
dum (Ind. Präs.)	während
dum	solange; (so lange) bis

Konjunktivische Temporalsätze
werden eingeleitet mit:

cum	als, nachdem
dum	(so lange) bis

b) Kausalsätze

Indikativische Kausalsätze
werden eingeleitet mit:

quod / quia	weil

Konjunktivische Kausalsätze
werden eingeleitet mit:

cum	weil

c) Konditionalsätze

Konditionalsätze stehen im **Indikativ**
und werden eingeleitet mit:

si	wenn, falls (franz. *si*, engl. *if*)

d) Konsekutivsätze

Konsekutivsätze stehen im **Konjunktiv**
und werden eingeleitet mit:

ut	dass
ut non	dass nicht

e) Finalsätze

Finalsätze stehen im **Konjunktiv**
und werden eingeleitet mit:

ut	dass, damit, um zu
ne	dass ... nicht, damit ... nicht, um ... nicht zu

f) Konzessivsätze

Indikativische Konzessivsätze
werden eingeleitet mit:

quamquam	obwohl
etsi	auch wenn, obwohl

Konjunktivische Konzessivsätze
werden eingeleitet mit:

cum	obwohl

g) Adversativsätze

Adversativsätze stehen im **Konjunktiv**
und werden eingeleitet mit:

cum	während (dagegen)

W

grātiās agere	danken	**exstinguere**	auslöschen, vernichten
līber	frei	**crīscere**	wachsen
vītam agere	(sein) Leben führen	**vehere**	fahren, tragen, ziehen
exemplum	Beispiel, Vorbild	**tūtus**	sicher
fidēs	Glaube, Treue, Vertrauen, Zuverlässigkeit	**aedis**	Tempel

quantus, a, um	wie groß, wie viel	Quantität, Quantum
-ne *im indir. Fragesatz*	ob	
-ne ... an *im indir. Fragesatz*	ob ... oder	
num *im indir. Fragesatz*	ob	
beneficium	Wohltat	Benefizspiel
gerere, gerō, **gessī, gestum**	ausführen, führen, tragen	
rēs gestae *f Pl.*	Taten	
perficere, perficiō, perfēcī, perfectum	erreichen, fertigstellen, vollenden	perfekt, perfektionieren, Perfektionist
laetitia	Freude	
labōrāre *m. Abl.*	leiden (an)	
orbis, orbis *m (Gen. Pl.* **-ium***)*	Kreis(lauf); Erdkreis, Welt	Orbit, e. orbit
orbis terrārum	Erdkreis	
ars, artis *f (Gen. Pl.* **-ium***)*	Eigenschaft, Fertigkeit, Kunst	Artist, e./f. art
prōvidēre, prōvideō, prōvīdī, prōvīsum (ut)	dafür sorgen (dass)	
apertus, a, um	offen, offenkundig	
ōtium	freie Zeit, Ruhe (von berufl. Tätigkeit); Frieden	
testis, testis *m/f (Gen. Pl.* **-ium***)*	Zeuge	Test, Testament, Attest
frūmentum	Getreide	
frūctus, frūctūs *m*	Ertrag, Frucht, Nutzen	Fructose, e./f. fruit
flūmen, flūminis *n*	Fluss	
vīlla	Haus, Landhaus	Villa, Weiler, e. villa
utrum ... an	ob ... oder	
speciēs, speciēī *f*	Anblick, Aussehen, Schein	
impetus, impetūs *m*	Angriff, Schwung	
igitur *Adv.*	also, folglich	
aetās, aetātis *f*	Lebensalter, Zeitalter, Zeit	
efferre, efferō, extulī, ēlātum	herausheben, hervorbringen	Elativ
rēs publica	Staat	Republik, e. republic

Colōnia Augusta Treverōrum	Trier
Mosella	die Mosel
Rhēnus	der Rhein

F Verben: Konjunktiv Perfekt

	Aktiv	Passiv
1. Pers.	**vocāv-eri-m**	**vocā-tus, a, um sim**
2. Pers.	**vocāv-eri-s**	**vocā-tus, a, um sīs**
Sg.	usw.	usw.

Die Formen des Konjunktiv Perfekt werden in allen Konjugationen gleich gebildet.

Zeichen des Konjunktiv Perfekt Aktiv ist **-eri-**, das an den Perfektstamm angefügt wird.
Im Passiv steht nach der PPP-Form eine Form des Konjunktiv Präsens von esse.

Eine allgemeingültige deutsche Übersetzung für die Formen des lateinischen Konjunktiv Perfekt anzugeben ist nicht möglich.

Die Formen von **esse** lauten: fuerim, fueris usw.
Die Formen von **ire** lauten: ierim, ieris usw.

Vollständige Tabellen befinden sich im Tabellarium, S. 164 f., und S. 134 f.

S 1 Gliedsätze als Objekt: Indirekte Fragesätze

In indirekten Fragesätzen steht im Lateinischen immer der Konjunktiv, im Deutschen meist der Indikativ.

a) Wortfragen

Nescio, *quid* feceris.
Ich weiß nicht, *was* du getan hast.

Nescio, *cur* discedas.
Ich weiß nicht, *warum* du weggehst.

Indirekte Wortfragen werden – wie direkte Wortfragen – mit Interrogativpronomina oder Adverbien eingeleitet.

b) Satzfragen

Te interrogo, *num* lingua Latina tibi placeat.
Ich frage dich, *ob* dir die lateinische Sprache gefällt.

Quaero, hoc*ne* verum sit.
Ich frage, *ob* dies wahr (richtig) ist.

Indirekte Satzfragen werden mit num oder -ne eingeleitet, die beide mit „ob" oder „ob nicht" übersetzt werden können.

c) Wahlfragen

Dubito, *utrum* haec vox vera *an* falsa sit.
Ich zweifle, *ob* diese Äußerung richtig *oder* falsch ist.

Indirekte Wahlfragen werden mit utrum ... an / -ne ... an / an „ob ... oder" formuliert.

S2 Tempusgebrauch in konjunktivischen Gliedsätzen

Nescio, quid facias.
Ich weiß nicht, was du tust.

Nescio, quid feceris.
Ich weiß nicht, was du getan hast.

Nesciebam, quid faceres.
Ich wusste nicht, was du tust / tatest.

Nesciebam, quid fecisses.
Ich wusste nicht, was du getan hast / hattest.

Im Lateinischen gibt es feste Regeln für den Gebrauch der Tempora in konjunktivischen Gliedsätzen. Danach ergibt sich aus dem Tempus im Hauptsatz und im konjunktivischen Gliedsatz eindeutig das Zeitverhältnis, in dem die Handlung des Gliedsatzes zu der des Hauptsatzes steht.

Hauptsatz	Gliedsatz	Zeitverhältnis
Präsens / Futur	Konjunktiv Präsens Konjunktiv Perfekt	gleichzeitig vorzeitig
alle Vergangenheitstempora	Konjunktiv Imperfekt Konjunktiv Plusquamperfekt	gleichzeitig vorzeitig

Wortbedeutungen veranschaulichen

Wortbedeutungen ermitteln

Claudia cum Marco amicos exspectat.
Claudia wartet zusammen mit Markus auf die Freunde.

Claudia cum amicos exspectat, gaudet.
Immer wenn Claudia Freunde erwartet, freut sie sich.

Claudia cum amicos exspectet, gaudet.
Weil Claudia Freunde erwartet, freut sie sich.

Cum Claudia diu exspectaret, amici non venerunt.
Obwohl Claudia lange wartete, kamen die Freunde nicht.

Cum Claudia diu exspectavisset, amici tandem venerunt.
Nachdem Claudia lange gewartet hatte, kamen endlich die Freunde.

M 1 Bedeutung ermitteln: Satzbauplan beachten

Wenn dir die Wörtchen ut, ne oder cum in einem Text begegnen, kannst du ihre Bedeutungen leicht ermitteln, wenn du die hier abgedruckten Übersichten benutzt:

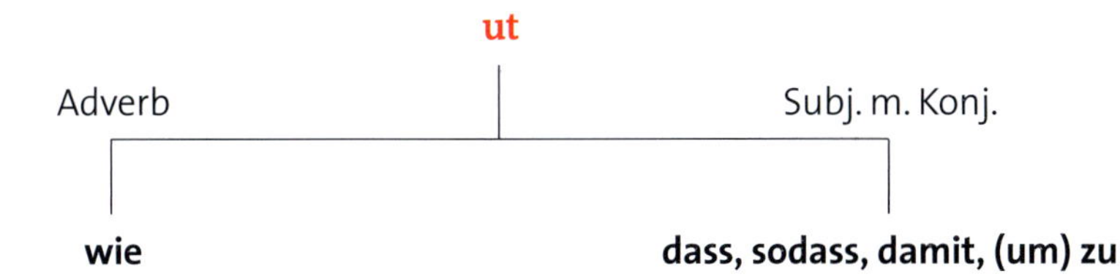

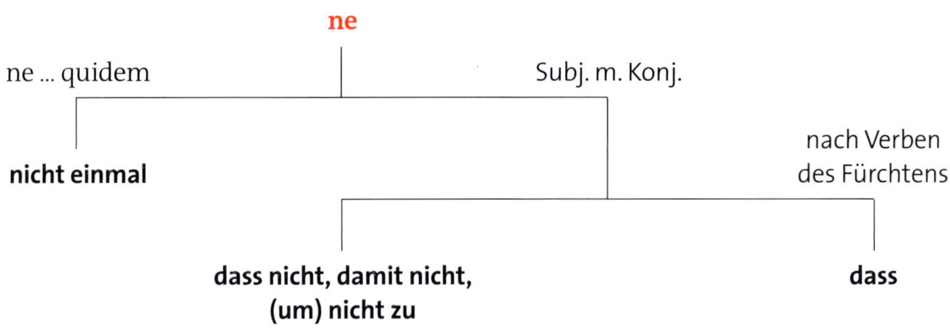

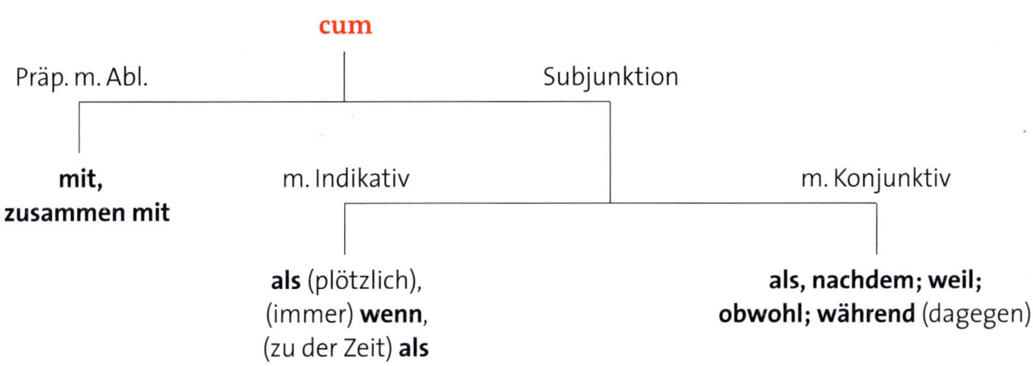

M 2 Texte erschließen: rhetorische Mittel kennen

Eine **Rede** will den Zuhörer vom Anliegen des Redners überzeugen und auch psychologisch beeinflussen. Deshalb ist die Sprache dieser Textsorte kunstvoll ausgefeilt und mit rhetorischen Mitteln geschmückt. Deren Kenntnis stellt also eine wesentliche Verstehenshilfe dar.

Beliebte Stilmittel sind z.B.:

Alliteration	gleicher Anlaut bei aufeinanderfolgenden Wörtern	**m**aria **m**ontesque
Antithese	Gegenüberstellung gegensätzlicher Begriffe	in **pace** ... in **bello**
Klimax	Steigerung	rogare, monere, iubere

Weitere Stilmittel findest du im Textband, Lektion 40, Aufgabe 5.

Übersicht: Verben (Konjunktiv im Aktiv und Passiv)

Aktiv

	ā-Konjugation		ē-Konjugation		ī-Konjugation	
Präsens	Sg.	Pl.	Sg.	Pl.	Sg.	Pl.
1. Pers.	voce-m	vocē-mus	mone-a-m	mone-ā-mus	audi-a-m	audi-ā-mus
2. Pers.	vocē-s	vocē-tis	mone-ā-s	mone-ā-tis	audi-ā-s	audi-ā-tis
3. Pers.	voce-t	voce-nt	mone-a-t	mone-a-nt	audi-a-t	audi-a-nt
Imperfekt						
1. Pers.	vocā-re-m	vocā-rē-mus	monē-re-m	monē-rē-mus	audī-re-m	audī-rē-mus
2. Pers.	vocā-rē-s	vocā-rē-tis	monē-rē-s	monē-rē-tis	audī-rē-s	audī-rē-tis
3. Pers.	vocā-re-t	vocā-re-nt	monē-re-t	monē-re-nt	audī-re-t	audī-re-nt
Perfekt						
1. Pers.	vocāv-erim	vocāv-erimus				
2. Pers.	vocāv-eris	vocāv-eritis				
3. Pers.	vocāv-erit	vocāv-erint				
Plusquamperfekt						
1. Pers.	vocāv-issem	vocāv-issēmus				
2. Pers.	vocāv-issēs	vocāv-issētis				
3. Pers.	vocāv-isset	vocāv-issent				

Passiv

	ā-Konjugation		ē-Konjugation		ī-Konjugation	
Präsens	Sg.	Pl.	Sg.	Pl.	Sg.	Pl.
1. Pers.	voce-r	vocē-mur	mone-a-r	mone-ā-mur	audi-a-r	audi-ā-mur
2. Pers.	vocē-ris	vocē-minī	mone-ā-ris	mone-ā-minī	audi-ā-ris	audi-ā-minī
3. Pers.	vocē-tur	voce-ntur	mone-ā-tur	mone-a-ntur	audi-ā-tur	audi-a-ntur
Imperfekt						
1. Pers.	vocā-re-r	vocā-rē-mur	monē-re-r	monē-rē-mur	audī-re-r	audī-rē-mur
2. Pers.	vocā-rē-ris	vocā-rē-minī	monē-rē-ris	monē-rē-minī	audī-rē-ris	audī-rē-minī
3. Pers.	vocā-rē-tur	vocā-re-ntur	monē-rē-tur	monē-re-ntur	audī-rē-tur	audī-re-ntur
Perfekt						
1. Pers.	vocā-tus sim	vocā-tī sīmus				
2. Pers.	vocā-tus sīs	vocā-tī sītis				
3. Pers.	vocā-tus sit	vocā-tī sint				
Plusquamperfekt						
1. Pers.	vocā-tus essem	vocā-tī essēmus				
2. Pers.	vocā-tus essēs	vocā-tī essētis				
3. Pers.	vocā-tus esset	vocā-tī essent				

konsonatische Konjugation				Hilfsverb	
Sg.	Pl.	Sg.	Pl.	Sg.	Pl.
ag-a-m ag-ā-s ag-a-t	ag-ā-mus ag-ā-tis ag-a-nt	capi-a-m capi-ā-s capi-a-t	capi-ā-mus capi-ā-tis capi-a-nt	s-i-m s-ī-s s-i-t	s-ī-mus s-ī-tis s-i-nt
ag-e-re-m ag-e-rē-s ag-e-re-t	ag-e-rē-mus ag-e-rē-tis ag-e-re-nt	cape-re-m cape-rē-s cape-re-t	cape-rē-mus cape-rē-tis cape-re-nt	es-se-m es-sē-s es-se-t	es-sē-mus es-sē-tis es-se-nt
				fu-erim fu-eris fu-erit	fu-erimus fu-eritis fu-erint
				fu-issem fu-issēs fu-isset	fu-issēmus fu-issētis fu-issent

konsonatische Konjugation			
Sg.	Pl.	Sg.	Pl.
ag-a-r ag-ā-ris ag-ā-tur	ag-ā-mur ag-ā-minī ag-a-ntur	capi-a-r capi-ā-ris capi-ā-tur	capi-ā-mur capi-ā-minī capi-a-ntur
ag-e-re-r ag-e-rē-ris ag-e-rē-tur	ag-e-rē-mur ag-e-rē-minī ag-e-re-ntur	cápe-re-r cape-rē-ris cape-rē-tur	cape-rē-mur cape-rē-minī cape-re-ntur

W

manēre	bleiben, warten (auf)	**tacēre**	schweigen
mōs	Sitte, Brauch; *Pl.* Charakter	**oportet**	es ist nötig, es gehört sich
paulō	(um) ein wenig	**mēns**	Geist, Sinn, Verstand; Meinung
cēterī	die übrigen	**honor / honōs**	Ehre, Ehrenamt
saevus	schrecklich, wild, wütend	**putāre**	glauben, meinen; halten für

utinam	hoffentlich, wenn doch!	
Rōmae	in Rom	
cōnsuētūdō, cōnsuētūdinis *f*	Gewohnheit	
cōnsuētūdō vītae	gewohnte Lebensweise	
differre, differō, distulī, dīlātum *(ā m. Abl.)*	sich unterscheiden (von)	differieren, Differenz, e. to differ
dēdūcere, dēdūcō, dēdūxī, dēductum	hinführen, wegführen	Deduktion
praetereā *Adv.*	außerdem	
habitāre, habitō	bewohnen, wohnen	e. to inhabit, f. habiter
hūmānus, a, um	gebildet, menschlich	human
iste, ista, istud *(Gen.* **istīus**, *Dat.* **istī***)*	dieser (da)	
asper, aspera, asperum	rau; streng	
nisī *Subj.*	wenn nicht	
hiems, hiemis *f*	Winter, Unwetter	
tempestās, tempestātis *f*	Sturm, (schlechtes) Wetter; Zeit	e. tempest, f. tempête
quisquis, quaequae, quidquid (quicquid)	jeder, der	Quisquilien
quīn *Subj. m. Konj.*	dass *(in festen Wendungen)*	
nōn dubitō, quīn	ich zweifle nicht, dass	
prope *Adv.*	nahe; beinahe	
plūs, plūris	mehr	plus, Plural, f. plus
alibī *Adv.*	anderswo	Alibi
sōl, sōlis *m*	Sonne	Solarium, f. soleil
lūna	Mond	f. lune
reliquus, a, um	künftig, übrig	Reliquien, e. relics
immortālis, e	unsterblich	e. immortal, f. immortel
intereā *Adv.*	inzwischen, unterdessen	
sānctus, a, um	ehrwürdig, heilig	Sanctus, St. (Sankt)
īrā incēnsus	zornentbrannt	
bene vertere	zum Guten wenden	

31

Germānī, Germanōrum *m Pl.*	die Germanen
Dānubius	die Donau
Germānia	Germanien
Sōl, Sōlis *m*	Sol (Sonnengott)
Vulcānus	Vulkan (Gott der Feuerflamme und Schmiedekunst)
Lūna	Luna (Mondgöttin, Schwester des Sonnengottes)

F Demonstrativpronomen iste

iste dieser, der da

Das Demonstrativpronomen iste, ista, istud (*Gen.* istīus, *Dat.* istī usw.) wird dekliniert wie ille, illa, illud (vgl. 26 **F b**).

S 1 Demonstrativpronomen iste: Verwendung

Ista epistula me delectavit.
Dieser (dein / euer) Brief hat mich gefreut.

Iste fur in templum effugit.
Dieser Dieb (da) ist in den Tempel entkommen.

Iste bezeichnet eine Person oder Sache, die einem Angeredeten nahe ist (hier: epistula); manchmal hat es einen negativen oder verächtlichen Unterton (hier: iste fur).

S 2 Konjunktiv im Hauptsatz: Hortativ, Jussiv, Optativ, Prohibitiv

Der Konjunktiv im Hauptsatz kennzeichnet allgemein den Inhalt eines Satzes als möglich, gewünscht oder nicht wirklich.
Die folgenden Konjunktive drücken **Aufforderungen** und **Wünsche** aus.

a) Hortativ

Eamus!
Lasst uns gehen!

Gaudeamus!
Freuen wir uns!

Der Konjunktiv Präsens der 1. Pers. Pl. stellt eine Aufforderung dar, die der Sprecher an sich und andere richtet.

b) Jussiv

Mater paucis verbis respondeat!
Die Mutter soll mit wenigen Worten antworten.

Der Konjunktiv Präsens der 3. Pers. drückt eine Aufforderung an Dritte aus.

c) Optativ

(Utinam) ea res tibi usui sit!
Möge dir diese Sache nützen!
Hoffentlich nützt dir dies!

(Utinam) ea res tibi usui fuerit!
Hoffentlich hat dir dies genützt!

Der Konjunktiv Präsens (für die Gegenwart) und der Konjunktiv Perfekt (für die Vergangenheit) drücken Wünsche aus, deren Erfüllung der Sprecher für möglich hält.
Sie können mit utinam (oder velim) eingeleitet werden.

Utinam ea res tibi usui esset!
(O,) wenn dir dies doch nützen würde!

Utinam ea res tibi usui fuisset!
(O,) wenn dir dies doch genützt hätte!

Der Konjunktiv Imperfekt (für die Gegenwart) und der Konjunktiv Plusquamperfekt (für die Vergangenheit) drücken Wünsche aus, deren Erfüllung der Sprecher nicht für möglich hält.
Sie werden meist mit utinam (oder vellem) eingeleitet.

Utinam ne amicum rideas!
Mögest du meinen Freund nicht auslachen!
Lach bitte meinen Freund nicht aus!

Utinam ne amicum risisses!
(O,) wenn du doch meinen Freund nicht ausgelacht hättest!

Der Optativ wird mit **ne** verneint.

d) Prohibitiv

Ne clamaveris!	Schreie nicht!	(Noli clamare!)
Ne clamaveritis!	Schreit nicht!	(Nolite clamare!)

Ne mit folgendem Konjunktiv Perfekt drückt ein Verbot bzw. einen verneinten Befehl (Prohibitiv) in der Gegenwart (!) aus. Diese Konstruktion ist bedeutungsgleich mit noli bzw. nolite mit Infinitiv.

Sprachen vergleichen

Französische Adjektive – unterschiedlich gebildet; aber das lateinische Herkunftswort ist leicht erkennbar:

récent – incertain – second – dur – humain – immortel

W

interrogāre	fragen	**profectō**	sicherlich, tatsächlich
rēs adversae	unglückliche Umstände, Unglück	**propinquus**	Verwandter
gravis	schwer	**augēre**	vermehren, vergrößern
prōmittere	versprechen	**dēligere**	(aus)wählen
nūper	neulich, vor kurzem	**mox**	bald, dann

petere, petō, petīvī, **petītum**	(auf)suchen, (er)streben, bitten, verlangen	
manēre, maneō, mānsī, **mānsūrum** *(m. Akk.)*	bleiben, warten (auf)	permanent
futūrus, a, um	zukünftig, kommend	Futur, e./f. future
rēs futūrae *f Pl.*	Zukunft	
spērāre, spērō	erwarten, hoffen	f. espérer
secundus, a, um	der zweite, günstig	Sekunde, e. second
rēs secundae *f Pl.*	Glück	
prōvidēre, prōvideō, prōvīdī, prōvīsum	*m. Akk.* vorhersehen *m. Dat.* sorgen für	Provision, e. to provide
haud	nicht	
prōferre, prōferō, prōtulī, prōlātum	(hervor)holen, zur Sprache bringen	f. proférer
pūgna	Kampf	
īre, eō, iī, **itum**	gehen	
exitus, exitūs *m*	Ausgang, Ende	Exitus, e. exit
requīrere, requīrō, requīsīvī, requīsītum	aufsuchen, sich erkundigen, verlangen	Requisiten, requirieren, e. to require
excēdere, excēdō, excessī, **excessum**	hinausgehen, weggehen	
aut ... aut	entweder ... oder	
incolumis, e	unverletzt, wohlbehalten	
redīre, redeō, rediī, **reditum**	zurückgehen, zurückkehren	
posterus, a, um	folgend	
obicere, obiciō, obiēcī, obiectum	darbieten, vorwerfen	Objekt, objektiv, e. to object
sē alicui obicere	sich jdm. entgegenwerfen, sich auf jdn. stürzen	
contrā *Präp. m. Akk.*	gegen	Kontrast, Konter, konträr
multō *Adv.*	(um) viel	
rem bene gerere	etw. gut durchführen, Erfolg haben	
ex illō tempore	seit jener Zeit	
suprā *Adv.*	darüber hinaus, oben	Sopran
memorāre, memorō	erwähnen, sagen	memorieren

Fortsetzung →

dūrus, a, um	hart	Dur, dauern, f. dur
nec / neque	und nicht, auch nicht, nicht einmal	
nec ... nec	weder ... noch	
turris, turris *f* (*Abl. Sg.* -ī; *Gen. Pl.* -ium)	Turm	e. tower, f. tour
cultus, cultūs *m*	Bildung, Lebensweise; Pflege, Verehrung	
cella	Kammer, Keller, Tempel(raum)	Zelle, e. cell
auxilium petere	um Hilfe bitten	
respondēre, respondeō, respondī, **respōnsum**	antworten, entsprechen	f. répondre
bonō animō esse	guten Mutes sein, zuversichtlich sein	

Velēda	Veleda (germanische Seherin)

F 1 Partizip Futur Aktiv (PFA)

vocā-**tūrus** einer, der rufen wird / will

Beim Partizip Futur Aktiv tritt **-tūrus, a, um** an den gleichen Wortstamm, mit dem auch das PPP gebildet wird (vgl. 25 **F 1 a)** und **b)**).

Der Stamm oder die Fugenstelle können lautlich verändert werden, z. B.

moni-**tūrus** einer, der mahnen wird / will
vic-**tūrus** einer, der siegen wird / will
proces-**sūrus** einer, der vorrücken wird / will

PFA zu esse:
fu-**tūrus** einer, der sein wird / will

F 2 Infinitiv Futur Aktiv

vocātūrum, am, um, ōs, ās, a esse rufen werden
victūrum, am, um, ōs, ās, a esse siegen werden
futūrum, am, um, ōs, ās, a esse sein werden

Der Infinitiv Futur wird aus einer Akkusativform des Partizip Futur und esse gebildet.

S 1 Verwendung des Partizip Futur Aktiv

a) Das Partizip Futur Aktiv als Participium coniunctum

Homines triumphum spectaturi convenerunt.
Die Menschen, die den Triumphzug ansehen wollten, kamen zusammen.

Wie das PPP und das Partizip Präsens Aktiv (vgl. 25 **S 1** a und 27 **S** a) steht auch das Partizip Futur (hier: spectaturi) als Participium coniunctum in Kongruenz zu einem Bezugswort (hier: homines).

Auch die Partizipialkonstruktion mit einem Partizip Futur ist eine satzwertige Konstruktion. Von einem Partizip Futur können Adverbialien und Objekte (hier: triumphum) abhängen.

b) Satzgliedfunktion

Wie die anderen Partizipien kann das Partizip Futur als Attribut oder Adverbiale aufgefasst werden. Das Partizip Futur tritt jedoch auch zusammen mit einer Form von esse als Prädikat auf. Entsprechend der Satzgliedfunktion gibt es unterschiedliche Möglichkeiten, das Partizip Futur im Deutschen wiederzugeben.

c) Übersetzungsmöglichkeiten

	Homines triumphum spectaturi convenerunt.
Als Attribut	
• mit Relativsatz:	Die Menschen, die den Triumphzug ansehen *wollten*, kamen zusammen.
Als Adverbiale	
• mit Adverbialsatz:	Die Menschen kamen zusammen, *weil* sie den Triumphzug ansehen *wollten*.
• mit „um ... zu" + Inf.:	Die Menschen kamen zusammen, *um* den Triumphzug *anzusehen*.
	Homines triumphum spectaturi erant.
Als Prädikatsnomen	
• mit „wollen" + Inf.:	Die Menschen *wollten* den Triumphzug *ansehen*.

Da das Partizip Futur eine Absicht ausdrückt, wird es im Deutschen meist mit einer Form von „wollen" wiedergegeben.
Das Partizip Futur bei Formen von esse dient der Umschreibung des Futurs; es bezeichnet wie das englische *„to be going to"* eine in nächster Zukunft beabsichtigte Handlung.

d) Zeitverhältnis

Die Formen des **Partizip Futur** zeigen an, dass das im Participium coniunctum ausgedrückte Geschehen nach dem des Prädikats stattfinden wird (soll); sie bezeichnen also die **Nachzeitigkeit (Partizip der Nachzeitigkeit)**.

S 2 Verwendung des Infinitiv Futur Aktiv

Imperatorem hostes victurum (esse) omnes putabant.
Alle glaubten, dass der Feldherr die Feinde besiegen werde.

Der **Infinitiv Futur** tritt nur im AcI auf; er drückt aus, dass das Geschehen des AcI nach dem des Prädikats stattfinden wird (soll); er bezeichnet also ebenfalls die **Nachzeitigkeit (Infinitiv der Nachzeitigkeit)**.
Der Infinitiv esse kann dabei entfallen.

W

plērīque	die meisten, sehr viele	**perspicere**	erkennen, genau betrachten, sehen
sermō	Äußerung, Gerede, Gespräch, Sprache	**prius**	früher, zuerst
dīligēns	gewissenhaft, sorgfältig	**idōneus**	geeignet, passend
monēre	(er)mahnen	**īnstruere**	aufstellen, ausrüsten; unterrichten
mihi cūrae est	es ist mir wichtig	**dēlectāre**	erfreuen, unterhalten

cupidus, a, um *(m. Gen.)*	(be)gierig (nach)	
tempus cōnsūmere	die Zeit aufbrauchen / verschwenden	
tam … quam	so … wie	
ergō *Adv.*	also	
error, errōris *m*	Irrtum, Fehler	e. error, f. erreur
vērum *Adv.*	aber	
sēnsus, sēnsūs *m*	Gefühl, Sinn, Verstand	Nonsens, e. sense, f. sens
comprehendere, comprehendō, comprehendī, comprehēnsum	begreifen, ergreifen, festnehmen	e. to comprehend, f. comprendre
quamobrem	warum	
studium	Beschäftigung, Engagement, Interesse	Studium, e. study
dīvīnus / dīvus, a, um	göttlich	e. divine, f. divin
minimē *Adv.*	am wenigsten, überhaupt nicht	
nihil (aliud) nisī	nichts anderes als, nichts außer, nur	
indīgnus, a, um *(m. Abl.)*	unwürdig (einer Sache)	
libellus	kleines Buch, Heft	
recitāre, recitō	vorlesen, vortragen	Rezitation, zitieren
opus, operis *n*	Arbeit, Werk	Opus
voluntās, voluntātis *f*	Absicht, Wille, Zustimmung	f. volonté
cupiditās, cupiditātis *f* *(m. Gen.)*	(heftiges) Verlangen (nach), Leidenschaft	e. cupidity, f. cupidité
quid aliud?	was sonst?	
quīcumque, quaecumque, quodcumque	jeder, der; wer auch immer	
praecipere, praecipiō, praecēpī, praeceptum	(be)lehren, vorschreiben	
mora	Aufenthalt, Verzögerung	
parātus, a, um	fertig, bereit	
hōra	Stunde, Zeit	Meister Hora, e. hour, f. heure
hōra abit	die Zeit verfliegt	
interim *Adv.*	inzwischen	

F 1 nd-Formen: Gerundium

Nom.	**vocāre**		rufen / (das) Rufen	ā-Konjugation
Gen.	**voca-nd-ī**		des Rufens	
Dat.	**voca-nd-ō**		dem Rufen	
Akk.	**ad voca-nd-um**		zum Rufen	
Abl.	**voca-nd-ō**		durch Rufen	
	monē-re	**mone-nd-ī**	usw.	ē-Konjugation
	audī-re	**audi-e-nd-ī**	usw.	ī-Konjugation
	ag-ĕ-re	**ag-e-nd-ī**	usw.	kons.
	capĕ-re	**capi-e-nd-ī**	usw.	Konjugation

Wie im Deutschen und Englischen kann man auch im Lateinischen Verben zu Substantiven machen und deklinieren. Für den Nominativ gibt es im Lateinischen keine eigene Form, stattdessen wird der Infinitiv verwendet. Die Verwendung des Infinitivs statt eines substantivierten Verbs ist auch im Deutschen und Englischen möglich:

Infinitiv	substantiviertes Verb
Es macht Spaß *zu lesen*.	*(Das) Lesen* macht Spaß.
To read is fun.	*Reading* is fun.
Legere delectat.	–

Die anderen Kasus des Gerundiums werden dadurch gebildet, dass an den Präsensstamm der Verben (der bei der ī- und kons. Konjugation durch den Bindevokal -e- erweitert wird) **-nd-** angefügt wird, worauf die Kasusendungen der o-Deklination im Singular folgen.

F 2 nd-Formen: Gerundiv(um)

liber lege**nd**us	librī lege**nd**ī
ein Buch, das gelesen wird	Bücher, die gelesen werden
(gelesen werden soll)	(gelesen werden sollen)
ein lesenswertes Buch	lesenswerte Bücher

Das Gerundivum kann alle Formen eines Adjektivs (der a- und o-Deklination) bilden.
Es wird ebenso wie das Gerundium mit **-nd-** gebildet.

S 1 Verwendung des Gerundiums

a) Erscheinungsform

Tempus discendi tibi non est.
Du hast keine Zeit zu lernen.

Cupidus discendi es.
Du bist eifrig bemüht zu lernen (lernbegierig).

Liberi ad discendum conveniunt.
Die Kinder kommen zum Lernen zusammen.

Docendo discimus.
Durch Lehren lernen wir.

Der Genitiv des Gerundiums kommt nach bestimmten Substantiven (z.B. tempus, spes) und Adjektiven (z.B. cupidus) vor. Der Akkusativ steht nur nach der Präposition ad; der Dativ ist selten.

Tempus libros in bibliotheca legendi tibi est.
Du hast Zeit, die Bücher in der Bibliothek zu lesen.

Wie das Partizip weist auch das Gerundium Eigenschaften des Verbs auf und kann deshalb Objekte und adverbiale Bestimmungen bei sich haben. Ein erweitertes Gerundium ist als satzwertige Konstruktion aufzufassen.

b) Satzgliedfunktion

Das Gerundium kann verschiedene Satzgliedfunktionen wahrnehmen, z. B. steht es im Ablativ oder im Präpositionalausdruck als Adverbiale, im Genitiv als Attribut.

Liberi ad discendum conveniunt.

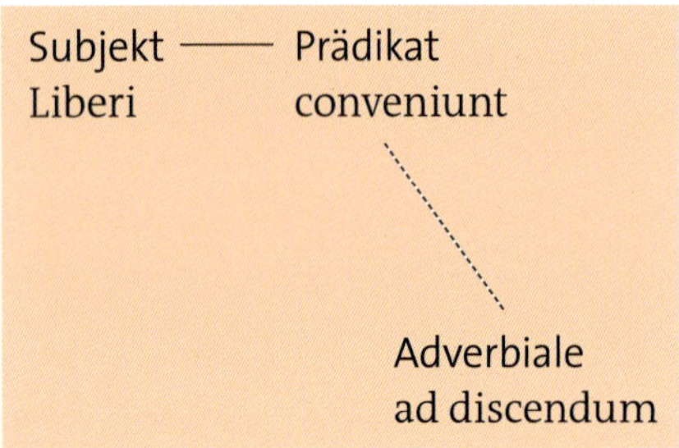

Tempus discendi tibi non est.

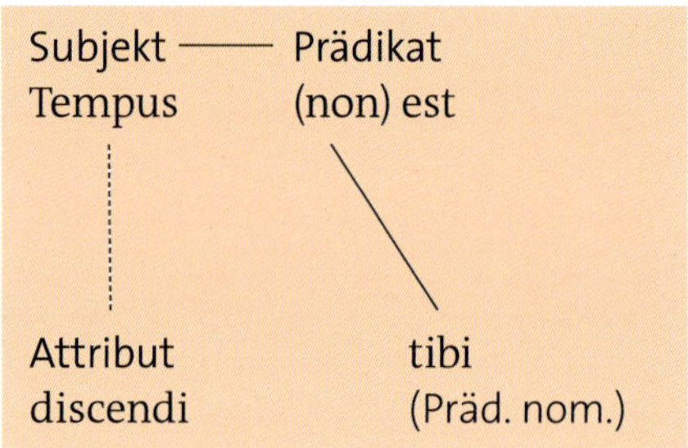

c) Übersetzungsmöglichkeiten

tempus libros legendi
Zeit, Bücher zu lesen
Zeit zum Lesen von Büchern

Das Gerundium kann mit einem Infinitiv oder einem Substantiv wiedergegeben werden.

ad discendum convenire
zum Lernen (*um* zu lernen) zusammenkommen

in scribendo multum discere
beim Schreiben viel lernen

Für die Übersetzung von nd-Formen nach Präpositionen gilt folgende Regel:

- ad und nd-Form: „zu / zur / zum“ und Substantiv
- in und nd-Form: „bei / beim“ und Substantiv

S 2 Verwendung des Gerundivums: attributives Gerundiv(um)

a) Erscheinungsform und Übersetzung

Das attributive Gerundivum kann in allen Kasus vorkommen und stimmt nach der KNG-Regel mit einem Bezugswort überein. Der Nominativ und der Dativ sind sehr selten.

Genitiv:	Mihi tempus libri legendi non est. Ich habe keine Zeit zum Lesen des Buches.
	Libri legendi cupidus sum. Ich bin neugierig darauf, das Buch zu lesen.
Akkusativ: (nach Präp.)	Hic locus ad librum legendum idoneus non est. Dieser Platz ist nicht geeignet, um ein Buch zu lesen.
Ablativ:	Libro legendo multa didici. Durch die Lektüre des Buches habe ich viel gelernt.

Ablativ: (nach Präp.)	In libro legendo saepe ridebam. Bei der Lektüre des Buches lachte ich häufig.

Wie die Beispiele zeigen, ist eine wörtliche Übersetzung des Gerundivums im Allgemeinen nicht möglich. Bei der Wiedergabe im Deutschen verwendet man meistens Substantive oder Infinitivkonstruktionen.

Ein attributives Gerundivum im Nominativ, das ausdrückt, dass etwas geschehen soll, kann durch Adjektive auf „-wert“ oder „-lich“ wiedergegeben werden, z. B.

legendus	lesenswert,
non ferendus	unerträglich.

Bei der Wiedergabe der anderen Kasus wird oft die Gerundivform im Deutschen zu einem Substantiv, von dem dann das Bezugswort abhängt, z. B.

libro	legendo
durch die Lektüre	des Buches

b) Das attributive Gerundivum als satzwertige Konstruktion

Librum legi: multa didici. Ich habe das Buch gelesen. Ich habe (dadurch) viel gelernt.	Librum legendo multa didici. (Gerundium) Libro legendo multa didici. (Gerundivum) Durch die Lektüre des Buches habe ich viel gelernt.

Man kann ein attributives Gerundivum mit Bezugswort ebenso wie das erweiterte Gerundium als eigenständigen Aussagesatz verstehen, der als satzwertige Konstruktion in einen anderen Satz „eingebettet“ wurde.
Beide Konstruktionen haben die gleiche Bedeutung und können in gleicher Weise übersetzt werden.

c) Satzgliedfunktion

Das attributive Gerundivum mit Bezugswort kann in der deutschen Wiedergabe verschiedene Satzgliedfunktionen wahrnehmen, z. B. steht es im Genitiv als Attribut, im Ablativ oder Präpositionalausdruck als Adverbiale.

Fortleben des Lateinischen erkennen

Einige der typischen und wichtigen „**Kulturwörter**“ des Lateinischen:

aedificium	*i. edificio*	*s. edificio*	*f. édifice*	*e. edifice*	
cella	*i. cella*	*s. celda*	*f. cellule*	*e. cell*	*dt. Zelle*
fructus	*i. frutto*	*s. fruto*	*f. fruit*	*e. fruit*	*dt. Frucht*
hora	*i. ora*	*s. hora*	*f. heure*	*e. hour*	
littera	*i. lettera*	*s. letra*	*f. lettre*	*e. letter*	
libertas	*i. libertà*	*s. libertad*	*f. liberté*	*e. liberty*	
memoria	*i. memoria*	*s. memoria*	*f. mémoire*	*e. memory*	
numerus	*i. numero*	*s. número*	*f. numéro*	*e. number*	*dt. Nummer*
ordo	*i. ordine*	*s. orden*	*f. ordre*	*e. order*	*dt. Orden*
studium	*i. studio*	*s. estudio*	*f. étude*	*e. study*	*dt. Studium*
voluntas	*i. volontà*	*s. voluntad*	*f. volonté*		

W

parvus	klein, gering	**oculus**	Auge
ēiusmodī	derartig, so beschaffen	**dīversus**	entgegengesetzt, feindlich, verschieden
persuādēre	überzeugen	**magnī aestimāre**	hochschätzen
ostendere	zeigen, darlegen	**aliter**	anders, sonst
vīs	Gewalt, Kraft; Menge		
tantum	nur		

rēs ita sē habet	die Sache verhält sich so	
stultus, a, um	dumm	stolz
īgnārus, a, um *(m. Gen.)*	ohne Kenntnis, unwissend	e. ignorant
tot *indekl.*	so viele	
praeterīre, praetereō, praeteriī, praeteritum	übergehen, vorbeigehen	Präteritum
ēdere, ēdō, ēdidī, ēditum	herausgeben, bekanntmachen	edieren, Edition, e. to edit
comparāre, comparō	vergleichen	Komparativ, e. to compare
pergere, pergō, perrēxī	aufbrechen, weitermachen	
quemadmodum	auf welche Weise (auch immer), wie	
adeō *Adv.*	so sehr	
valēre ad *m. Akk.*	taugen zu	
forte *Adv.*	zufällig	
quasi *Adv.*	gleichsam, geradezu, fast;	
Subj.	wie wenn, als ob	
opīniō, opīniōnis *f*	Meinung, (guter) Ruf	e./f. opinion
ut opīniō mea est	meiner Meinung nach	
factum	Handlung, Tat, Tatsache	Faktum, faktisch, e. fact
compōnere, compōnō, composuī, **compositum**	vergleichen; abfassen, ordnen, schlichten	komponieren, Komponente, Kompositum, Kompott
praesertim (cum)	besonders (da / weil)	
cōnstāre ex *m. Abl.*	bestehen aus	
pudor, pudōris *m*	Scham(gefühl); Anstand	f. pudeur
nūdus, a, um	nackt	Nudist, f. nu
inīquus, a, um	ungerecht, ungleich	
invidia	Neid	e. envy, f. envie
potius *Adv.*	eher, lieber	
omittere, omittō, omīsī, omissum	aufgeben, beiseitelassen	e. to omit
odium	Hass	
odiō incēnsus	voller Hass	
afficere, afficiō, affēcī, affectum *m. Abl.*	versehen mit	Affekt
dolōribus afficere aliquem	jdm. Schmerzen zufügen	

invenīre, invenio, invēnī, inventum	finden, erfinden	e. invent, f. inventer
Tacitus	Tacitus (römischer Geschichtsschreiber)	

S 1 Verwendung des Gerundivums: prädikatives Gerundiv(um)

a) Erscheinungsform und Übersetzung

Hic *liber legendus* est.
Dieses Buch *muss* gelesen werden (ist zu lesen).

Hi *libri legendi* non sunt.
Diese Bücher *dürfen nicht* gelesen werden.

Das prädikative Gerundivum bezeichnet eine Handlung, die ausgeführt werden muss / soll bzw. nicht ausgeführt werden darf. nd-Formen transitiver Verben stehen dabei mit ihrem Bezugswort in KNG-Kongruenz, d. h. sie werden „persönlich“ konstruiert.

Parend*um* est.
(*Es* muss gehorcht werden.)
Man muss gehorchen.

Voluntati deorum parend*um* est.
(Dem Willen der Götter muss gehorcht werden.)
Man muss dem Willen der Götter gehorchen.

Wird das Gerundiv ohne ein Bezugswort verwendet, so steht es im Neutrum Singular, d. h. es wird „unpersönlich“ konstruiert.
Eine Ergänzung steht in dem Kasus, den das Verb auch sonst erfordert (hier: Dativ nach parāre).

b) Dativus auctoris

Hic liber *tibi* legendus est.
Dieses Buch muss *von dir* gelesen werden.
Du musst dieses Buch lesen.

Die Person, von der die Handlung ausgeführt werden muss / soll, steht im Dativus auctoris (Dativ des Urhebers).

c) Satzgliedfunktion

Hic liber *legendus est.*
Dieses Buch muss gelesen werden.

Librum tibi *legendum do.*
Ich gebe dir das Buch zum Lesen.

Bei Formen von esse steht das Gerundivum als Prädikatsnomen.
Bei manchen Verben (vor allem: übergeben, überlassen, schicken, übernehmen) steht das Gerundivum auch als Prädikativum; es drückt den Zweck der Handlung aus („zum, zur, zu“ …).

d) Gerundivum im AcI

Omnes putant liberos docendos esse.
Alle glauben, dass Kinder unterrichtet werden müssen (man Kinder unterrichten muss).

Scimus iniuriae resistendum esse.
Wir wissen, dass man sich dem Unrecht widersetzen muss.

Das prädikative Gerundiv tritt häufig im AcI auf; auch dabei kann es persönlich oder unpersönlich konstruiert werden.

S 2 Satzwertige Konstruktionen (Übersicht)

Akkusativ mit Infinitiv

Augustum pacem *facere / fecisse / facturum esse* cives delectat.
Dass Augustus Frieden *schafft / geschaffen hat / schaffen wird,* erfreut die Bürger.

Augustum pacem *facere / fecisse / facturum esse* omnes cives sciunt.
Dass Augustus Frieden *schafft / geschaffen hat / schaffen wird,* wissen alle Bürger.

Participium coniunctum

Imperator pacem *faciens / facturus* a civibus laudatur.
Der Kaiser, der Frieden *schafft / schaffen wird,* wird von den Bürgern gelobt.
Der Kaiser wird von den Bürgern gelobt, weil er Frieden *schafft / schaffen wird.*

Pax ab imperatore *facta* cives delectat.
Der Friede, der vom Kaiser *geschaffen wurde,* freut die Bürger.

Ablativus absolutus

Imperatore pacem *faciente* cives gaudent.
Wenn / weil der Kaiser Frieden *schafft,* freuen sich die Bürger.

Pace facta cives gaudent.
Nachdem Friede geschaffen ist, freuen sich die Bürger.

Die satzwertigen Konstruktionen Akkusativ mit Infinitiv, Participium coniunctum und Ablativus absolutus haben unterschiedliche Funktionen als Satzglieder.
In allen Fällen bezeichnen die Formen des Infinitiv bzw. Partizip Präsens die **Gleichzeitigkeit**, die des Infinitiv bzw. Partizip Perfekt die **Vorzeitigkeit** und die des Infinitiv bzw. Partizip Futur die **Nachzeitigkeit**.

Die folgende Tabelle enthält eine entsprechende Übersicht:

	Satzglied		**gleichz.**	**vorz.**	**nachz.**	
AcI	als Subjekt als Objekt	Augustum pacem Augustum pacem	facere facere	fecisse fecisse	facturum esse facturum esse	cives delectat. omnes cives sciunt.
Part. coni.	als Adverbiale bzw. Attribut	Imperator pacem Pax ab imperatore	faciens	 facta	facturus	a civibus laudatur. cives delectat.
Abl. abs.	als Adverbiale	Imperatore pacem Pace	faciente	 facta		cives gaudent. cives gaudent.

W1

patrēs (cōnscrīptī)	Senatoren	**mīrus**	wunderbar, erstaunlich
dīvīnus / dīvus	göttlich	**sōlus**	allein, einzig
gēns	Familienverband, Stamm, Volk	**cōnstāre**	feststehen, kosten; bestehen aus
religiō	Glaube, (Gottes-)Verehrung, Frömmigkeit, Gewissenhaftigkeit; Aberglaube	**persuādēre**	überzeugen
		honor / honōs	Ehre, Ehrenamt

umquam *Adv.*	jemals	
quālis, e	wie (beschaffen)	Qualität, Qualifikation
adversus *Präp. m. Akk.*	gegen;	
Adv.	entgegen	
ōdisse, ōdī *Perf.*	hassen	„Odel"
brevis, e	kurz	Brief, e. brief, f. bref
nē *im Hauptsatz*	nicht *(verneinter Befehl oder Wunsch)*;	
Subj. m. Konj.	dass nicht, damit nicht;	
	dass *(nach Ausdrücken des Fürchtens und Hinderns)*	
fingere, fingō, fīnxī, fictum	gestalten, sich (etw.) ausdenken	fingieren, Fiktion, fiktiv
permittere, permittō, permīsī, permissum	erlauben, überlassen	permissiv, e. to permit, f. permettre
temperāre, temperō *(ā m. Abl.)*	sich fernhalten (von);	
m. Dat.	maßvoll gebrauchen, zurückhalten;	
m. Akk.	lenken, ordnen	
aliēnus, a, um	fremd	Alien, e. alien
omnīnō *Adv.*	insgesamt, überhaupt, völlig	
latēre, lateō, latuī	verborgen sein	latent
quod māius est	was noch wichtiger ist	
in deum crēdere	an Gott glauben	
inter eōs cōnstat	es steht für sie fest	
fōrma	Form, Gestalt, Schönheit	formen, Formel, informieren
addere, addō, addidī, additum	hinzufügen	addieren, Addition
iūdicāre, iūdicō	beurteilen, urteilen	Judikative, e. to judge
bene facere, quod	gut daran tun, dass	
lūmen, lūminis *n*	Licht, Auge	il-luminieren, f. lumière
dīgnus, a, um *(m. Abl.)*	wert, würdig (einer Sache)	f. digne

Iūdaeus, a, um	jüdisch; *Subst.* Jude

S1 Konjunktiv im Hauptsatz: Potentialis, Deliberativ

Die folgenden Konjunktive stehen in **Aussage-** bzw. **Fragesätzen**:

a) Potentialis

Quis hoc dubitet?
Wer könnte daran zweifeln?
Wer dürfte daran zweifeln?

Hoc nemo credat / crediderit.
Das dürfte keiner glauben.
Das glaubt wohl keiner.

Der Konjunktiv Präsens bzw. Perfekt kann im Hauptsatz dazu dienen, eine Aussage als möglich zu charakterisieren bzw. abzuschwächen. Beide Tempora beziehen sich auf die Gegenwart (Potentialis der Gegenwart). Zur Wiedergabe im Deutschen eignen sich Formulierungen mit „könnte", „dürfte" oder „wohl".

b) Deliberativ

Quid faciam?
Was soll ich tun?

In einer Wortfrage dient der Konjunktiv Präsens (meist der 1. Pers.) auch zum Ausdruck der Überlegung bzw. Unentschlossenheit (in der Gegenwart). Zur Wiedergabe im Deutschen eignet sich die Umschreibung mit „sollen".

S2 Konjunktiv im Hauptsatz (Übersicht)

Präsens	Imperfekt	Perfekt	Plusquamperfekt	
Potentialis d. Gegenw.		Potentialis d. Gegenw.		.
	Irrealis d. Gegenw.		Irrealis d. Vergh.	.
Deliberativ d. Gegenw.				?
Optativ d. Gegenw. (erfüllbar)	Optativ d. Gegenw. (unerfüllbar)	Optativ d. Vergh. (erfüllbar)	Optativ d. Vergh. (unerfüllbar)	!
Hortativ (1. Pers. Pl.)				!
Iussiv (3. Pers.)		Prohibitiv (ne + 2. Pers.)		!

Beachte bei den Konjunktiven im Hauptsatz immer auch die Satzart: Potentialis und Irrealis stehen in der Regel im Aussagesatz, der Deliberativ im Fragesatz; die anderen Konjunktive stehen in Wünschen und Aufforderungen. Achte also auf die Satzzeichen.

W2

quō	wohin, wo, wie	**cōnfirmāre**	bekräftigen, ermutigen, stärken
emere	kaufen	**adhūc**	bis jetzt, noch
opus	Arbeit, Werk	**āra**	Altar
adversus	gegen; entgegen	**alere**	ernähren, großziehen
dēesse	abwesend sein, fehlen	**omnīnō**	insgesamt, überhaupt, völlig
tantus	so groß, so viel	**profectō**	sicherlich, tatsächlich

fierī, fīō, factus sum	gemacht werden; geschehen, werden	
exigere, exigō, exēgī, exāctum	(ein)fordern, vollenden	exakt, e. to exact, f. exiger
vetus, veteris	alt	Veteran
ūsque ad *m. Akk.*	bis zu	
quoniam *Subj. m. Ind.*	da ja, da nun	
sānē *Adv.*	allerdings, gewiss; meinetwegen	
comperīre, comperiō, comperī, compertum	(genau) erfahren	
cōnscius, a, um *(m. Gen.)*	bewusst, eingeweiht (in); *Subst.* Teilnehmer, Zeuge	e. conscious, f. conscient
quaesere, quaesō	bitten	
praeferre, praeferō, praetulī, praelātum	vorziehen	Präferieren, Präferenz, e. to prefer, f. préférer
nōtus, a, um	bekannt	Notiz, e. known
simulācrum	Bild, Bildnis, Schatten (eines Toten)	
āiō *(3. Pers. Sg.* **āit**, *3. Pers. Pl.* **āiunt***)*	behaupte(te) ich, sag(t)e ich	
nefārius, a, um	gottlos, verbrecherisch	e. nefarious
animal, animālis *n (Abl. Sg.* **-ī**; *Nom./Akk. Pl.* **-ia**; *Gen. Pl.* **-ium***)*	Lebewesen, Tier	e./f. animal
imāgō, imāginis *f*	Abbild, Bild	Image, e./f. image
praedicāre, praedicō	behaupten	Prädikat, predigen
peccāre, peccō	einen Fehler machen, sündigen	
dīligere, dīligō, dīlēxī, dīlēctum	hochachten, lieben	

reperīre, reperiō, repperī, **repertum**	(wieder)finden

Chrīstiānus, a, um	christlich; *Subst.* Christ

F Verben: fieri

fierī werden, geschehen; entstehen

		Präsens Sg.	Pl.	Imperfekt Sg.	Futur Sg.
Indikativ	1. Pers.	**fī-ō**	**fī-mus**	**fī-ēba-m**	**fī-a-m**
	2. Pers.	**fī-s**	**fī-tis**		**fī-ē-s**
	3. Pers.	**fi-t**	**fī-u-nt**	usw.	usw.
Konjunktiv	1. Pers.	**fī-a-m**		**fi-ere-m**	
	2. Pers.	**fī-ā-s** usw.		usw.	

Die Formen des Präsensstammes entsprechen im Allgemeinen denen der ī-Konjug. (vgl. vor allem 8 **F**).

S Verwendung von fieri

a) Etiam in provinciis multa monumenta fiebant (facta sunt).
Auch in den Provinzen wurden viele Denkmäler geschaffen.

Fieri vertritt im Präsensstamm auch das fehlende Passiv von facere.
Die Formen des Perfektstammes werden daher mit dem PPP von facere (factus, a, um) gebildet.

b) Ita factum est, ut etiam in Gallia monumenta fierent.
So geschah es, dass auch in Gallien Denkmäler geschaffen wurden.

Nach unpersönlichen Formen von fieri, wie fit (es geschieht), factum est (es geschah), fieri potest (es kann geschehen), leitet ut (mit Konj.) einen Gliedsatz ein, der über das Geschehen informiert.

Sachfeld erstellen

Liebe – Zuneigung

sensus Gefühl, Sinn, Verstand

pudor Schamgefühl, Anstand

voluptas Lust, Vergnügen

flamma Feuer, Flamme

amicitia Freundschaft

amor Liebe

ignis Feuer

desiderare sich sehnen nach, vermissen

cupiditas (heftiges) Verlangen

placere gefallen

cupidus (be)gierig

sentire fühlen, meinen, wahrnehmen

carus lieb, teuer, wertvoll

diligere hochachten, lieben

laetus froh; fruchtbar

cupere verlangen, wünschen

amare lieben

ardere brennen

Übersicht: Satzglieder und Füllungsarten

Nun hast du neben vielen Wörtern und Formen auch die wichtigsten syntaktischen Erscheinungen kennengelernt, die für die lateinische Sprache charakteristisch sind, nämlich den AcI, die Partizipialkonstruktionen und die nd-Formen.
Denken wir jetzt noch einmal an die Satzmodelle zurück, die immer wieder vorkamen, um die Struktur eines Satzes anhand der Satzglieder zu verdeutlichen.

Zuerst befassen wir uns mit der **Bedeutung des Prädikats**.
Das Prädikat ist Dreh- und Angelpunkt eines jeden Satzes.
Es legt fest, welche weiteren Glieder in einem Satz vorkommen.
Manchmal ist ein Satz bereits vollständig, wenn er nur aus Prädikat und Subjekt besteht, z.B.:

Magister ridet. — Der Lehrer lacht.

Im Lateinischen kann das Subjekt sogar im Prädikat enthalten sein, z.B.:

Ridet. — Er / sie lacht.

Viele Verben erfordern jedoch ein Objekt, z.B. laudare:

Magister puellam laudat. — Der Lehrer lobt das Mädchen.

Bei manchen Verben müssen sogar zwei Objekte stehen, z.B. bei mandare:

Pater magistro filium mandat. — Der Vater vertraut dem Lehrer seinen Sohn an.

Das Verb legt also fest, wie viele und welche Ergänzungen stehen; diese Eigenschaft des Verbs nennt man **Valenz** (valere!).

In welchem Verhältnis stehen nun die anderen Satzglieder zum Prädikat?

Subjekt und Prädikat stehen in **Kongruenz** zueinander, was im Satzmodell durch einen waagerechten Strich deutlich gemacht wird.
Objekte und Adverbialien hängen vom Prädikat ab. Dieses Abhängigkeitsverhältnis nennt man **Dependenz** (de-pendere!); es wird im Satzmodell mit Strichen dargestellt, die vom Prädikat schräg nach unten gehen.

Mit gestrichelten Linien werden das Adverbiale und das Attribut angebunden, die man auch weglassen könnte; sie sind für die Vollständigkeit eines Satzes nicht erforderlich. Adverbialien hängen vom Prädikat ab; Attribute treten als Satzgliedteile zu einem Nomen.

Wir kennen mittlerweile auch verschiedene Möglichkeiten, wie die einzelnen Satzglieder ausgedrückt oder „gefüllt“ werden können.

Auf S. 154 folgt eine Übersicht über wichtige **Füllungsarten**, die du schon kennst.

Übersicht: Satzglieder und Füllungsarten

Subjekt

- Nomen im Nom. (Substantiv, Pronomen)
- Infinitiv, AcI
- Relativsatz im Ind.

Prädikat

- Vollverb
- Vollverb mit Prädikativum
- esse mit Prädikatsnomen (als Substantiv, Adjektiv oder Gerundivum)

Objekt

- Nomen (im Gen., Dat., Akk. oder Abl.)
- Präpositionalausdruck
- Infinitiv, AcI
- Relativsatz im Ind.
- Gliedsatz (Begehrsatz)

Adverbiale

- Adverb
- Substantiv (im Gen., Akk., Abl.)
- Präpositionalausdruck
- nd-Formen (im Abl., nach Präp.)
- Ablativus absolutus
- Participium coniunctum
- Prädikativum
- Gliedsatz (Adverbialsatz)

Attribut

- Nomen im Genitiv
- Nomen (in Kongruenz)
- Participium coniunctum
- nd-Formen (im Gen.)
- Relativsatz

W3

dēcernere	beschließen, entscheiden	**orbis**	Kreis(lauf); Erdkreis, Welt
voluptās	Lust, Vergnügen	**potestās**	(Amts-)Gewalt, Macht
simulācrum	Bild, Bildnis, Schatten (eines Toten)	**pōnere**	(auf)stellen, (hin)legen, setzen
		nūmen	Gottheit, göttlicher Wille
genus	Abstammung, Art, Geschlecht	**intrā**	innerhalb (von)

morī, morior, mortuus sum	sterben	f. mourir
mīrārī, mīror, mīrātus sum	bewundern, sich wundern	e. to admire, f. admirer
tuērī, tueor *m. Akk.*	betrachten, schützen, (milit.) sichern, sorgen für	Tutor
ēgredī, ēgredior, ēgressus sum	herausgehen, verlassen	
morārī, moror, morātus sum	(sich) aufhalten	Moratorium
decem *indekl.*	zehn	Dezember, f. dix
hortārī, hortor, hortātus sum	auffordern, ermahnen	
priusquam *Subj. m. Ind.*	bevor, eher als	
praesēns, praesentis	anwesend, gegenwärtig	präsent, Präsenz, Präsens
sīc *Adv.*	so	
loquī, loquor, locūtus sum	reden, sprechen	Kolloquium, Eloquenz
mīlle *Sg. indekl.* *Pl.* **mīlia, mīlium**	tausend	Millennium, Millimeter, Milligramm, Million
superī, superōrum *m Pl.*	die Götter	
īnferī, īnferōrum *m Pl.*	Bewohner der Unterwelt, Unterwelt	Inferno, infernalisch
servīre, serviō	dienen, Sklave sein	Server, servieren
salvus, a, um	gesund, unversehrt	e. safe
nāscī, nāscor, nātus sum	entstehen, geboren werden	naiv, f. naître
verērī, vereor, veritus sum	fürchten, sich scheuen; verehren	Re-verenz
ūtī, ūtor, ūsus sum *m. Abl.*	benutzen, gebrauchen	e. to use, f. user
vidērī, videor, vīsus sum	scheinen, gelten (als)	Vision, audio-visuell
pectus, pectoris *n*	Brust, Herz	Angina pectoris
in lūcem prōferre	ans Licht bringen, verraten	
proximus, a, um	der nächste	
proficīscī, proficīscor, profectus sum	(ab)reisen, aufbrechen	

Īsis, Īsidis *f*	Isis (Hauptgöttin Ägytens; Göttin der Fruchtbarkeit)

F Verben: Deponentien (1)

miror	ich bewundere, wundere mich
(passive Form)	(aktive Bedeutung)

In allen Konjugationsklassen gibt es einige Verben, die nur passive Formen bilden, jedoch aktive Bedeutung haben (Deponentien); sie haben also gleichsam ihre aktiven Formen „abgelegt" (deponere!).

a) Infinitiv Präsens **mīrā-rī** bewundern, sich wundern

b) Präsensstamm

		Präsens Sg.	Pl.	Imperfekt Sg.	Futur Sg.
Indikativ	1. Pers.	**mīr-or**	**mīrā-mur**	**mīrā-ba-r**	**mīrā-b-or**
	2. Pers.	**mīrā-ris**	**mīrā-minī**	usw.	**mīrā-be-ris**
	3. Pers.	**mīrā-tur**	**mīrā-ntur**		**mīrā-bi-tur**
					usw.
Konjunktiv	1. Pers.	**mīr-e-r**		**mīrā-re-r**	
	2. Pers.	**mīr-ē-ris**	usw.	usw.	
Imperativ		**mīrā-re!**	**mīrā-minī!**		

c) Perfektstamm

		Perfekt Sg.	Plusquamperfekt Sg.
Indikativ	1. Pers.	**mīrā-tus, a, um sum** usw.	**mīrā-tus, a, um eram** usw.
Konjunktiv	1. Pers.	**mīrā-tus, a, um sim** usw.	**mīrā-tus, a, um essem** usw.

d) Stammformen

Beispiele:

mīrārī	**mīror**	**mīrātus sum**	ā-Konjugation
verērī	**vereor**	**veritus sum**	ē-Konjugation
loquī **morī**	**loquor** **morior**	**locūtus sum** **mortuus sum**	kons. Konjugation

W4

concēdere	erlauben, nachgeben, zugestehen	**dēdūcere**	hinführen, wegführen
cōnsuēscere	sich gewöhnen (an); *Perf.* gewohnt sein	**prōficīscī**	(ab)reisen, aufbrechen
turpis	(sittlich) schlecht, hässlich, schändlich	**nūper**	neulich, vor kurzem
vertere	drehen, wenden	**afficere**	versehen mit
venia	Gefallen, Nachsicht, Verzeihung	**equidem**	(ich) allerdings, freilich

possidēre, possideō, possēdī, possessum	besitzen	Possessivpronomen, e. to possess, f. posséder
iūs, iūris *n*	Recht	Jura
sequī, sequor, secūtus sum	folgen	Sequenz, Konsequenz
patī, patior, passus sum	(er)leiden, ertragen, zulassen	Patient, Passiv, Passion
versārī, versor, versātus sum	sich aufhalten, sich befinden	
aggredī, aggredior, aggressus sum	angreifen, herangehen	aggressiv, Aggression
vultus, vultūs *m*	Gesicht, Gesichtsausdruck; *Pl.* Gesichtszüge	
orīrī, orior, ortus sum	entstehen, sich erheben	Orient
querī, queror, questus sum *(m. Akk.)*	klagen; sich beklagen (über)	Querele, Querulant
iūdex, iūdicis *m*	Richter	e. judge, f. juge
prōpōnere, prōpōnō, prōposuī, prōpositum	darlegen, in Aussicht stellen	e. to propose, f. proposer
nātiō, nātiōnis *f*	Volk, Volksstamm	Nation, national, e./f. nation
pollicērī, polliceor, pollicitus sum	versprechen	
iūstus, a, um	gerecht	Justiz, e. just, f. juste

Sachfeld veranschaulichen

Körper

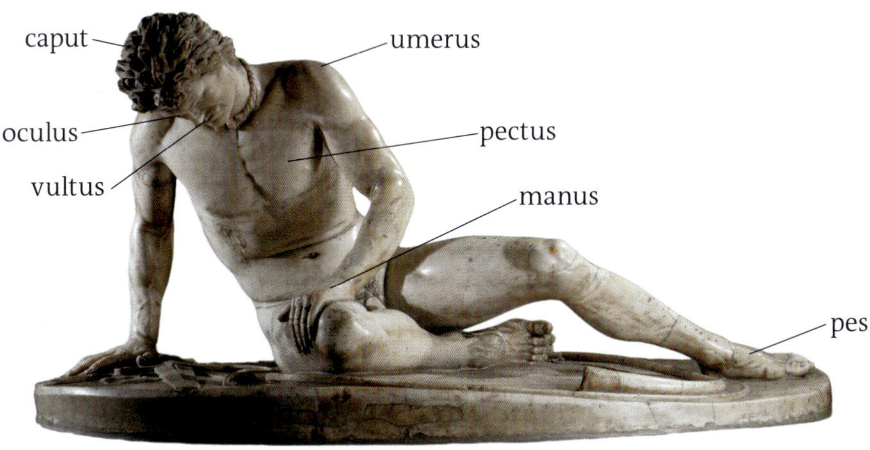

F Verben: Deponentien (2)

Auch von den Deponentien werden alle **Partizipien** und **Infinitive** gebildet:

Infinitiv Präsens	hortā-**rī**	auffordern
Infinitiv Perfekt	hortā-**tum esse**	aufgefordert (zu) haben
Infinitiv Futur	hortā-**tūrum esse**	auffordern werden
Partizip Präsens	hortā-**ns**	auffordernd
Partizip Perfekt	hortā-**tus**	einer, der aufgefordert hat
Partizip Futur	hortā-**tūrus**	einer, der auffordern wird

S1 Partizip Perfekt der Deponentien: Verwendung

a) Milites hortatus Caesar profectus est.
(Die Soldaten ermahnt habend, brach Cäsar auf.)
Nachdem Cäsar die Soldaten ermahnt hatte, brach er auf.
Cäsar ermahnte die Soldaten und brach dann auf.

Das Partizip Perfekt bezeichnet in der Regel die Vorzeitigkeit; zur Wiedergabe im Deutschen kann man einen Gliedsatz oder die Beiordnung wählen.

b) Caesar veritus, ne hostes insidias pararent, statim profectus est.
(Fürchtend, dass die Feinde eine Falle stellen, brach Cäsar sofort auf.)
Cäsar brach aus Furcht, die Feinde könnten eine Falle stellen, sofort auf.
Cäsar fürchtete, die Feinde könnten eine Falle stellen, und brach daher sofort auf.

Das Partizip Perfekt der Deponentien kann auch die Gleichzeitigkeit ausdrücken.

S2 nd-Formen der Deponentien

Ante proelium milites *hortandi* sunt:
„Nunc virtute vobis *utendum* est. Tempus *loquendi* non est."

Vor der Schlacht müssen die Soldaten ermahnt werden:
„Jetzt müsst ihr Tapferkeit beweisen. Es ist nicht die Zeit zu reden."

Gerundivum und **Gerundium** der Deponentien unterscheiden sich in Form und Funktion nicht von den nd-Formen der aktiven Verben.

Wortfamilie erkennen

ius

in-**iur**-ia

ius-tus

iu-dic-are
iu-dic-ium
iudex, **iu**-dic-is

Abkürzungsverzeichnis

Abl.	Ablativ
Abl. abs.	Ablativus absolutus
Acl	Akkusativ mit Infinitiv
Adj.	Adjektiv
Adv.	Adverb
Akk.	Akkusativ
Akt.	Aktiv
Dat.	Dativ
Dekl.	Deklination
dir.	direkt
dopp.	doppelt(er)
dt.	deutsch
e.	englisch
f	feminin
f.	französisch
Fut.	Futur
Fw.	Fremdwort
Gen.	Genitiv
griech.	Griechisch
i.	italienisch
Imp.	Imperativ
Impf.	Imperfekt
indekl.	indeklinabel
Ind.	Indikativ
Inf.	Infinitiv
jd.	jemand
jdn.	jemanden
jdm.	jemandem
intrans.	intransitiv
Jh.	Jahrhundert
Komp.	Komparativ
Konj.	Konjunktiv
Konjug.	Konjugation
kons.	konsonantisch
lat.	lateinisch
m	maskulin
m.	mit
Nom.	Nominativ
örtl.	örtlich
n	neutrum
Part.	Partizip
Pass.	Passiv
Perf.	Perfekt
Pers.	Person
PFA	Partizip Futur Aktiv
Pl.	Plural
Plusqpf.	Plusquamperfekt
PPA	Partizip Präsens Aktiv
PPP	Partizip Perfekt Passiv
Präd. nom.	Prädikatsnomen
Präp.	Präposition
Präs.	Präsens
Pron.	Pronomen
röm.	römisch
s.	spanisch
Sg.	Singular
Subj.	Subjunktion
Subst.	Substantiv
Sup.	Superlativ
trans.	transitiv
vgl.	vergleiche
Vok.	Vokativ
wörtl.	wörtlich
zeitl.	zeitlich

Abbildungsnachweis

10 b: Fotolia / contrastwerkstatt | **32 a:** Fotolia / Aamon | **32 b:** ZDF / cinetext / Szenenbild aus dem TV-Zweiteiler „Mein Vater, der Kaiser“, BRD / IT / E 2003 | **32 c:** Fotolia / Falko Matte | **106:** mauritius images / Bard Loken | **110 c:** dpa picture-alliance / Chromorange / Schulz | **119:** Fotolia / contrastwerkstatt | **152:** Scala, Florenz | **157:** Scala, Florenz.

Tabellarium

Substantive

a-Deklination

	Sg.	Pl.
Nom.	domin-a	domin-ae
Gen.	domin-ae	domin-ārum
Dat.	domin-ae	domin-īs
Akk.	domin-am	domin-ās
Abl.	domin-ā	domin-īs

o-Deklination

	Sg.	Pl.
Nom.	domin-us	domin-ī
Gen.	domin-ī	domin-ōrum
Dat.	domin-ō	domin-īs
Akk.	domin-um	domin-ōs
Abl.	domin-ō	domin-īs

	Sg.	Pl.
Nom.	templ-um	templ-a
Gen.	templ-ī	templ-ōrum
Dat.	templ-ō	templ-īs
Akk.	templ-um	templ-a
Abl.	templ-ō	templ-īs

3. Deklination (Mischdeklination)

	Sg.	Pl.
Nom.	senātor	senātōr-ēs
Gen.	senātōr-is	senātōr-um
Dat.	senātōr-ī	senātōr-ibus
Akk.	senātōr-em	senātōr-ēs
Abl.	senātōr-e	senātōr-ibus

	Sg.	Pl.
Nom.	corpus	corpor-a
Gen.	corpor-is	corpor-um
Dat.	corpor-ī	corpor-ibus
Akk.	corpus	corpor-a
Abl.	corpor-e	corpor-ibus

u-Deklination

	Sg.	Pl.
Nom.	mōt-us	mōt-ūs
Gen.	mōt-ūs	mōt-uum
Dat.	mōt-uī	mōt-ibus
Akk.	mōt-um	mōt-ūs
Abl.	mōt-ū	mōt-ibus

e-Deklination

	Sg.	Pl.
Nom.	r-ēs	r-ēs
Gen.	r-ĕī	r-ērum
Dat.	r-ĕī	r-ēbus
Akk.	r-em	r-ēs
Abl.	r-ē	r-ēbus

Adjektive

	Sg. *m*	*f*	*n*	Pl. *m*	*f*	*n*
Nom.	long-us	long-a	long-um	long-ī	long-ae	long-a
Gen.	long-ī	long-ae	long-ī	long-ōrum	long-ārum	long-ōrum
Dat.	long-ō	long-ae	long-ō	long-īs	long-īs	long-īs
Akk.	long-um	long-am	long-um	long-ōs	long-ās	long-a
Abl.	long-ō	long-ā	long-ō	long-īs	long-īs	long-īs

Nom.	ācer	ācr-is	ācr-e	ācr-ēs	ācr-ēs	ācr-ia
Gen.	ācr-is			ācr-ium		
Dat.	ācr-ī			ācr-ibus		
Akk.	ācr-em	ācr-em	ācr-e	ācr-ēs	ācr-ēs	ācr-ia
Abl.	ācr-ī			ācr-ibus		

Nom.	trīst-is		trīst-e	trīst-ēs		trīst-ia
Gen.	trīst-is			trīst-ium		
Dat.	trīst-ī			trīst-ibus		
Akk.	trīst-em		trīst-e	trīst-ēs		trīst-ia
Abl.	trīst-ī			trīst-ibus		

Nom.	fēlīx		fēlīx	fēlīc-ēs		fēlīc-ia
Gen.	fēlīc-is			fēlīc-ium		
Dat.	fēlīc-ī			fēlīc-ibus		
Akk.	fēlīc-em		fēlīx	fēlīc-ēs		fēlīc-ia
Abl.	fēlīc-ī			fēlīc-ibus		

Komparativ

Nom.	long-ior	long-ior	long-ius	long-iōr-ēs	long-iōr-ēs	long-iōr-a
Gen.	long-iōr-is			long-iōr-um		
Dat.	long-iōr-ī			long-iōr-ibus		
Akk.	long-iōr-em	long-iōr-em	long-ius	long-iōr-ēs	long-iōr-ēs	long-iōr-a
Abl.	long-iōr-e			long-iōr-ibus		

Pronomina

Nom.	quī	quae	quod	quī	quae	quae
Gen.	cuius			quōrum	quārum	quōrum
Dat.	cui			quibus		
Akk.	quem	quam	quod	quōs	quās	quae
Abl.	quō	quā	quō	quibus		

Nom.	is	ea	id	eī / iī	eae	ea
Gen.	eius			eōrum	eārum	eōrum
Dat.	eī			eīs / iīs		
Akk.	eum	eam	id	eōs	eās	ea
Abl.	eō	eā	eō	eīs / iīs		

Verben

Präsensstamm Aktiv

Infinitiv		vocā-re	monē-re	audī-re	ag-ĕ-re	capĕ-re
Ind. Präs.	Sg. 1. Pers.	voc-ō	mone-ō	audi-ō	ag-ō	capi-ō
	2. Pers.	vocā-s	monē-s	audī-s	ag-i-s	capi-s
	3. Pers.	voca-t	mone-t	audi-t	ag-i-t	capi-t
	Pl. 1. Pers.	vocā-mus	monē-mus	audī-mus	ag-i-mus	capi-mus
	2. Pers.	vocā-tis	monē-tis	audī-tis	ag-i-tis	capi-tis
	3. Pers.	voca-nt	mone-nt	audi-u-nt	ag-u-nt	capi-u-nt
Konj. Präs.	Sg. 1. Pers.	voce-m	mone-a-m	audi-a-m	ag-a-m	capi-a-m
	2. Pers.	vocē-s	mone-ā-s	audi-ā-s	ag-ā-s	capi-ā-s
	3. Pers.	voce-t	mone-a-t	audi-a-t	ag-a-t	capi-a-t
	Pl. 1. Pers.	vocē-mus	mone-ā-mus	audi-ā-mus	ag-ā-mus	capi-ā-mus
	2. Pers.	vocē-tis	mone-ā-tis	audi-ā-tis	ag-ā-tis	capi-ā-tis
	3. Pers.	voce-nt	mone-a-nt	audi-a-nt	ag-a-nt	capi-a-nt
Ind. Impf.	Sg. 1. Pers.	vocā-ba-m	monē-ba-m	audi-ēba-m	ag-ēba-m	capi-ēba-m
	2. Pers.	vocā-bā-s	monē-bā-s	audi-ēbā-s	ag-ēbā-s	capi-ēbā-s
	3. Pers.	vocā-ba-t	monē-ba-t	audi-ēba-t	ag-ēba-t	capi-ēba-t
	Pl. 1. Pers.	vocā-bā-mus	monē-bā-mus	audi-ēbā-mus	ag-ēbā-mus	capi-ēbā-mus
	2. Pers.	vocā-bā-tis	monē-bā-tis	audi-ēbā-tis	ag-ēbā-tis	capi-ēbā-tis
	3. Pers.	vocā-ba-nt	monē-ba-nt	audi-ēba-nt	ag-ēba-nt	capi-ēba-nt
Konj. Impf.	Sg. 1. Pers.	vocā-re-m	monē-re-m	audī-re-m	ag-e-re-m	cape-re-m
	2. Pers.	vocā-rē-s	monē-rē-s	audī-rē-s	ag-e-rē-s	cape-rē-s
	3. Pers.	vocā-re-t	monē-re-t	audī-re-t	ag-e-re-t	cape-re-t
	Pl. 1. Pers.	vocā-rē-mus	monē-rē-mus	audī-rē-mus	ag-e-rē-mus	cape-rē-mus
	2. Pers.	vocā-rē-tis	monē-rē-tis	audī-rē-tis	ag-e-rē-tis	cape-rē-tis
	3. Pers.	vocā-re-nt	monē-re-nt	audī-re-nt	ag-e-re-nt	cape-re-nt
Futur	Sg. 1. Pers.	vocā-b-ō	monē-b-ō	audi-a-m	ag-a-m	capi-a-m
	2. Pers.	vocā-bi-s	monē-bi-s	audi-ē-s	ag-ē-s	capi-ē-s
	3. Pers.	vocā-bi-t	monē-bi-t	audi-e-t	ag-e-t	capi-e-t
	Pl. 1. Pers.	vocā-bi-mus	monē-bi-mus	audi-ē-mus	ag-ē-mus	capi-ē-mus
	2. Pers.	vocā-bi-tis	monē-bi-tis	audi-ē-tis	ag-ē-tis	capi-ē-tis
	3. Pers.	vocā-bu-nt	monē-bu-nt	audi-e-nt	ag-e-nt	capi-e-nt
Imperativ	Sg.	vocā	monē	audī	ag-e	cape
	Pl.	vocā-te	monē-te	audī-te	ag-i-te	capi-te
Partizip Präsens		vocā-ns, -ntis	monē-ns, -ntis	audi-ē-ns, -ntis	ag-ē-ns, -ntis	capi-ē-ns, -ntis

Verben

Präsensstamm Passiv

Infinitiv		vocā-rī	monē-rī	audī-rī	ag-ī	cap-ī
Ind. Präs.	Sg. 1. Pers.	voc-or	mone-or	audi-or	ag-or	capi-or
	2. Pers.	vocā-ris	monē-ris	audī-ris	ág-e-ris	cápe-ris
	3. Pers.	vocā-tur	monē-tur	audī-tur	ág-i-tur	cápi-tur
	Pl. 1. Pers.	vocā-mur	monē-mur	audī-mur	ág-i-mur	cápi-mur
	2. Pers.	vocā-minī	monē-minī	audī-minī	ag-i-minī	capi-minī
	3. Pers.	voca-ntur	mone-ntur	audi-u-ntur	ag-u-ntur	capi-u-ntur
Konj. Präs.	Sg. 1. Pers.	voce-r	mone-a-r	audi-a-r	ag-a-r	capi-a-r
	2. Pers.	vocē-ris	mone-ā-ris	audi-ā-ris	ag-ā-ris	capi-ā-ris
	3. Pers.	vocē-tur	mone-ā-tur	audi-ā-tur	ag-ā-tur	capi-ā-tur
	Pl. 1. Pers.	vocē-mur	mone-ā-mur	audi-ā-mur	ag-ā-mur	capi-ā-mur
	2. Pers.	vocē-minī	mone-ā-minī	audi-ā-minī	ag-ā-minī	capi-ā-minī
	3. Pers.	voce-ntur	mone-a-ntur	audi-a-ntur	ag-a-ntur	capi-a-ntur
Ind. Impf.	Sg. 1. Pers.	vocā-ba-r	monē-ba-r	audi-ēba-r	ag-ēba-r	capi-ēba-r
	2. Pers.	vocā-bā-ris	monē-bā-ris	audi-ēbā-ris	ag-ēbā-ris	capi-ēbā-ris
	3. Pers.	vocā-bā-tur	monē-bā-tur	audi-ēbā-tur	ag-ēbā-tur	capi-ēbā-tur
	Pl. 1. Pers.	vocā-bā-mur	monē-bā-mur	audi-ēbā-mur	ag-ēbā-mur	capi-ēbā-mur
	2. Pers.	vocā-bā-minī	monē-bā-minī	audi-ēbā-minī	ag-ēbā-minī	capi-ēbā-minī
	3. Pers.	vocā-ba-ntur	monē-ba-ntur	audi-ēba-ntur	ag-ēba-ntur	capi-ēba-ntur
Konj. Impf.	Sg. 1. Pers.	vocā-re-r	monē-re-r	audī-re-r	ág-e-re-r	cápe-re-r
	2. Pers.	vocā-rē-ris	monē-rē-ris	audī-rē-ris	ag-e-rē-ris	cape-rē-ris
	3. Pers.	vocā-rē-tur	monē-rē-tur	audī-rē-tur	ag-e-rē-tur	cape-rē-tur
	Pl. 1. Pers.	vocā-rē-mur	monē-rē-mur	audī-rē-mur	ag-e-rē-mur	cape-rē-mur
	2. Pers.	vocā-rē-minī	monē-rē-minī	audī-rē-minī	ag-e-rē-minī	cape-rē-minī
	3. Pers.	vocā-re-ntur	monē-re-ntur	audī-re-ntur	ag-e-re-ntur	cape-re-ntur
Futur	Sg. 1. Pers.	vocā-b-or	monē-b-or	audi-a-r	ag-a-r	capi-a-r
	2. Pers.	vocā-be-ris	monē-be-ris	audi-ē-ris	ag-ē-ris	capi-ē-ris
	3. Pers.	vocā-bi-tur	monē-bi-tur	audi-ē-tur	ag-ē-tur	capi-ē-tur
	Pl. 1. Pers.	vocā-bi-mur	monē-bi-mur	audi-ē-mur	ag-ē-mur	capi-ē-mur
	2. Pers.	vocā-bi-minī	monē-bi-minī	audi-ē-minī	ag-ē-minī	capi-ē-minī
	3. Pers.	vocā-bu-ntur	monē-bu-ntur	audi-e-ntur	ag-e-ntur	capi-e-ntur
Partizip Perfekt Passiv (PPP)		vocā-tus, a, um	moni-tus, a, um	audī-tus, a, um	āc-tus, a, um	cap-tus, a, um
Gerundiv		voca-ndus, a, um	mone-ndus, a, um	audie-ndus, a, um	age-ndus, a, um	capie-ndus, a, um

Verben

Perfektstamm

		Aktiv		Passiv
	Inf. Perf. Akt.	vocāv-isse	Inf. Perf. Pass.	vocā-tum esse
Ind. Perf.	Sg. 1. Pers.	vocāv-ī		vocā-tus sum
	2. Pers.	vocāv-istī		vocā-tus es
	3. Pers.	vocāv-it		vocā-tus est
	Pl. 1. Pers.	vocāv-imus		vocā-tī sumus
	2. Pers.	vocāv-istis		vocā-tī estis
	3. Pers.	vocāv-ērunt		vocā-tī sunt
Konj. Perf.	Sg. 1. Pers.	vocāv-erim		vocā-tus sim
	2. Pers.	vocāv-eris		vocā-tus sīs
	3. Pers.	vocāv-erit		vocā-tus sit
	Pl. 1. Pers.	vocāv-erimus		vocā-tī sīmus
	2. Pers.	vocāv-eritis		vocā-tī sītis
	3. Pers.	vocāv-erint		vocā-tī sint
Ind. Plusqpf.	Sg. 1. Pers.	vocāv-eram		vocā-tus eram
	2. Pers.	vocāv-erās		vocā-tus erās
	3. Pers.	vocāv-erat		vocā-tus erat
	Pl. 1. Pers.	vocāv-erāmus		vocā-tī erāmus
	2. Pers.	vocāv-erātis		vocā-tī erātis
	3. Pers.	vocāv-erant		vocā-tī erant
Konj. Plusqpf.	Sg. 1. Pers.	vocāv-issem		vocā-tus essem
	2. Pers.	vocāv-issēs		vocā-tus essēs
	3. Pers.	vocāv-isset		vocā-tus esset
	Pl. 1. Pers.	vocāv-issēmus		vocā-tī essēmus
	2. Pers.	vocāv-issētis		vocā-tī essētis
	3. Pers.	vocāv-issent		vocā-tī essent

Hilfsverb

		esse Inf. Präs.			fuisse Inf. Perf.	
		Indikativ	Konjunktiv		Indikativ	Konjunktiv
Präsens	Sg. 1. Pers.	su-m	s-i-m	**Perfekt**	fu-ī	fu-erim
	2. Pers.	es	s-ī-s		fu-istī	fu-eris
	3. Pers.	es-t	s-i-t		fu-it	fu-erit
	Pl. 1. Pers.	su-mus	s-ī-mus		fu-imus	fu-erimus
	2. Pers.	es-tis	s-ī-tis		fu-istis	fu-eritis
	3. Pers.	su-nt	s-ī-nt		fu-ērunt	fu-erint
Imperfekt	Sg. 1. Pers.	er-a-m	es-se-m	**Plusquamperfekt**	fu-eram	fu-issem
	2. Pers.	er-ā-s	es-sē-s		fu-erās	fu-issēs
	3. Pers.	er-a-t	es-se-t		fu-erat	fu-isset
	Pl. 1. Pers.	er-ā-mus	es-sē-mus		fu-erāmus	fu-issēmus
	2. Pers.	er-ā-tis	es-sē-tis		fu-erātis	fu-issētis
	3. Pers.	er-a-nt	es-se-nt		fu-erant	fu-issent
Futur	Sg. 1. Pers.	er-ō	Part. Fut.			
	2. Pers.	er-i-s	fu-tūrus,			
	3. Pers.	er-i-t	a, um			
	Pl. 1. Pers.	er-i-mus	Inf. Fut.			
	2. Pers.	er-i-tis	fu-tūrum,			
	3. Pers.	er-u-nt	am, um esse			

Andere Verben

		īre Inf. Präs.			īsse Inf. Perf.	
		Indikativ	Konjunktiv		Indikativ	Konjunktiv
Präsens	Sg. 1. Pers.	e-ō	e-a-m	**Perfekt**	i-ī	i-erim
	2. Pers.	ī-s	e-ā-s		ī-stī	i-eris
	3. Pers.	i-t	e-a-t		i-it	i-erit
	Pl. 1. Pers.	ī-mus	e-ā-mus		i-imus	i-erimus
	2. Pers.	ī-tis	e-ā-tis		ī-stis	i-eritis
	3. Pers.	e-u-nt	e-a-nt		i-ērunt	i-erint
Imperfekt	Sg. 1. Pers.	ī-ba-m	ī-re-m	**Plusquamperfekt**	i-eram	īssem
	2. Pers.	ī-bā-s	ī-rē-s		i-erās	īssēs
	3. Pers.	ī-ba-t	ī-re-t		i-erat	īsset
	Pl. 1. Pers.	ī-bā-mus	ī-rē-mus		i-erāmus	īssēmus
	2. Pers.	ī-bā-tis	ī-rē-tis		i-erātis	īssētis
	3. Pers.	ī-ba-nt	ī-re-nt		i-erant	īssent
Futur	Sg. 1. Pers.	ī-b-ō				
	2. Pers.	ī-bi-s				
	3. Pers.	ī-bi-t				
	Pl. 1. Pers.	ī-bi-mus				
	2. Pers.	ī-bi-tis				
	3. Pers.	ī-bu-nt				
	PPA	iēns, euntis				

Andere Verben

		ferre (Inf. Präs. Akt.)		**ferrī** (Inf. Präs. Pass.)	
		Indikativ	Konjunktiv	Indikativ	Konjunktiv
Präsens	Sg. 1. Pers.	fer-ō	fer-a-m	fer-o-r	fer-a-r
	2. Pers.	fer-s	fer-ā-s	fer-ris	fer-ā-ris
	3. Pers.	fer-t	fer-a-t	fer-tur	fer-ā-tur
	Pl. 1. Pers.	fer-i-mus	fer-ā-mus	fer-i-mur	fer-ā-mur
	2. Pers.	fer-tis	fer-ā-tis	fer-i-minī	fer-ā-minī
	3. Pers.	fer-u-nt	fer-a-nt	fer-u-ntur	fer-a-ntur
Imperfekt	Sg. 1. Pers.	fer-ēba-m	fer-re-m	fer-ēba-r	fer-re-r
	2. Pers.	fer-ēbā-s	fer-rē-s	fer-ēbā-ris	fer-rē-ris
	3. Pers.	fer-ēba-t	fer-re-t	fer-ēbā-tur	fer-rē-tur
	Pl. 1. Pers.	fer-ēbā-mus	fer-rē-mus	fer-ēbā-mur	fer-rē-mur
	2. Pers.	fer-ēbā-tis	fer-rē-tis	fer-ēbā-minī	fer-rē-minī
	3. Pers.	fer-ēba-nt	fer-re-nt	fer-ēba-ntur	fer-re-ntur
Futur	Sg. 1. Pers.	fer-a-m		fer-a-r	
	2. Pers.	fer-ē-s		fer-ē-ris	
	3. Pers.	fer-e-t		fer-ē-tur	
	Pl. 1. Pers.	fer-ē-mus		fer-ē-mur	
	2. Pers.	fer-ē-tis		fer-ē-minī	
	3. Pers.	fer-e-nt		fer-e-ntur	
	Part. Präs.	fer-ē-ns, -ntis	PPP	lā-tus, a, um	

		fierī (Inf. Präs.)		**velle** (Inf. Präs.)	
		Indikativ	Konjunktiv	Indikativ	Konjunktiv
Präsens	Sg. 1. Pers.	fī-ō	fī-a-m	vol-ō	vel-i-m
	2. Pers.	fī-s	fī-ā-s	vī-s	vel-ī-s
	3. Pers.	fi-t	fī-a-t	vul-t	vel-i-t
	Pl. 1. Pers.	fī-mus	fī-ā-mus	volu-mus	vel-ī-mus
	2. Pers.	fī-tis	fī-ā-tis	vul-tis	vel-ī-tis
	3. Pers.	fī-u-nt	fī-a-nt	volu-nt	vel-i-nt
Imperfekt	Sg. 1. Pers.	fi-ēba-m	fi-ere-m	vol-ēba-m	velle-m
	2. Pers.	fi-ēbā-s	fi-erē-s	vol-ēbā-s	vellē-s
	3. Pers.	fi-ēba-t	fi-ere-t	vol-ēba-t	velle-t
	Pl. 1. Pers.	fi-ēbā-mus	fi-erē-mus	vol-ēbā-mus	vellē-mus
	2. Pers.	fi-ēbā-tis	fi-erē-tis	vol-ēbā-tis	vellē-tis
	3. Pers.	fi-ēba-nt	fi-ere-nt	vol-ēba-nt	velle-nt
Futur	Sg. 1. Pers.	fī-a-m		vol-a-m	
	2. Pers.	fī-ē-s		vol-ē-s	
	3. Pers.	fī-e-t		vol-e-t	
	Pl. 1. Pers.	fī-ē-mus		vol-ē-mus	
	2. Pers.	fī-ē-tis		vol-ē-tis	
	3. Pers.	fī-e-nt		vol-e-nt	
			Part. Präs.	vol-ē-ns, -ntis	

Grundzahlen

1 = I	ūnus, a, um	20 = XX	vīgintī
2 = II	duo, duae, duo	30 = XXX	trīgintā
3 = III	trēs, tria	40 = XL	quadrāgintā
4 = IV	quattuor	50 = L	quīnquāgintā
5 = V	quīnque	60 = LX	sexāgintā
6 = VI	sex	70 = LXX	septuāgintā
7 = VII	septem	80 = LXXX	octōgintā
8 = VIII	octō	90 = XC	nōnāgintā
9 = IX	novem	100 = C	centum
10 = X	decem	200 = CC	ducentī, ae, a
11 = XI	ūndecim	300 = CCC	trecentī, ae, a
12 = XII	duódecim	400 = CCCC	quadringentī, ae, a
13 = XIII	trēdecim	500 = D	quīngentī, ae, a
14 = XIV	quattuordecim	600 = DC	sescentī, ae, a
15 = XV	quīndecim	700 = DCC	septingentī, ae, a
16 = XVI	sēdecim	800 = DCCC	octingentī, ae, a
17 = XVII	septendecim	900 = CM	nōngentī, ae, a
18 = XVIII	duodēvīgintī	1000 = M	mīlle
19 = XIX	ūndēvīgintī	2000 = MM	duo mīlia

Ordnungszahlen

prīmus	der erste	vīcēsimus	der 20.
secundus	der zweite	trīcēsimus	der 30.
tertius	der dritte	quadrāgēsimus	der 40.
quārtus	der vierte	quinquagēsimus	der 50.
quīntus	der fünfte	sexāgēsimus	der 60.
sextus	der sechste	septuāgēsimus	der 70.
septimus	der siebte	octōgēsimus	der 80.
octāvus	der achte	nōnāgēsimus	der 90.
nōnus	der neunte	centēsimus	der 100.
decimus	der zehnte	ducentēsimus	der 200.
ūndecimus	der elfte	trecentēsimus	der 300.
duodecimus	der zwölfte	quadringentēsimus	der 400.
tertius decimus	der dreizehnte	quīngentesimus	der 500.
quārtus decimus	der vierzehnte	sescentēsimus	der 600.
quīntus decimus	der fünfzehnte	septingentēsimus	der 700.
sextus decimus	der sechzehnte	octingentēsimus	der 800.
septimus decimus	der siebzehnte	nōngentēsimus	der 900.
duodēvicēsimus	der achtzehnte	mīllēsimus	der 1000.
ūndēvicēsimus	der neunzehnte		

Die Ordnungszahlen werden dekliniert wie die Adjektive der a- / o-Deklination.

anno post Christum natum (p. Chr. n.) septingentesimo im Jahre 700 n. Chr.

Anders als im Deutschen stehen die Ordnungszahlen im Lateinischen zur Angabe von Jahreszahlen.

Stammformen wichtiger Verben

In der folgenden Übersicht stehen diejenigen Verben oder Stammformen, die im Lehrbuch noch nicht vorkamen, in Klammern.

Verben der a-Konjugation

u-Perfekt				
vetāre	**vetō**	**vetuī**	**(vetitum)**	verhindern, verbieten

Dehnungsperfekt				
lavāre	**lavō**	**lāvī**	**lautum**	waschen, reinigen

Reduplikationsperfekt				
dare	**dō**	**dedī**	**datum**	geben
stāre	**stō**	**stetī**	**~**	stehen
cōnstāre	cōnstō	cōnstitī	~	feststehen; kosten; bestehen aus
īnstāre	īnstō	īnstitī	~	bevorstehen, hart zusetzen
praestāre	praestō	praestitī	~	übertreffen; gewähren, leisten, zeigen
restāre	restō	restitī	~	übrig bleiben; Widerstand leisten

Verben der e-Konjugation

v-Perfekt				
complēre	**compleō**	**complēvī**	**complētum**	anfüllen, erfüllen
flēre	**fleō**	**flēvī**	**flētum**	beklagen, (be)weinen

u-Perfekt				
cēnsēre	**cēnseō**	**cēnsuī**	**cēnsum**	meinen, einschätzen; seine Stimme abgeben (für)
docēre	**doceō**	**docuī**	**doctum**	lehren, unterrichten
tenēre	**teneō**	**tenuī**	**(tentum)**	besitzen, festhalten, halten
continēre	contineō	continuī	(contentum)	festhalten
obtinēre	obtineō	obtinuī	(obtentum)	(in Besitz) nehmen, (besetzt) halten
pertinēre	pertineō	pertinuī	(pertentum)	betreffen, gehören (zu), sich erstrecken (bis)
retinēre	retineō	retinuī	(retentum)	behalten, festhalten, zurückhalten
sustinēre	sustineō	sustinuī	~	ertragen, standhalten

s-Perfekt				
ārdēre	**ārdeō**	**ārsī**	**(ārsūrum)**	brennen
augēre	**augeō**	**auxī**	**auctum**	vermehren, vergrößern
iubēre	**iubeō**	**iussī**	**(iussum)**	anordnen, befehlen
manēre	**maneō**	**mānsī**	**mānsūrum**	bleiben, warten (auf)
remanēre	remaneō	remānsī	~	(zurück)bleiben
persuādēre	**persuādeō**	**persuāsī**	**persuāsum**	überzeugen
rīdēre	**rīdeō**	**rīsī**	**(rīsum)**	lachen, auslachen

Dehnungsperfekt				
cavēre	**caveō**	**cāvī**	**cautum**	sich hüten (vor), Vorsorge treffen
movēre	**moveō**	**mōvī**	**mōtum**	bewegen
commovēre	commoveō	commōvī	commōtum	bewegen, veranlassen
permovēre	permoveō	permōvī	permōtum	beunruhigen, veranlassen
sedēre	**sedeō**	**sēdī**	**(sessum)**	sitzen
possidēre	possideō	possēdī	possessum	besitzen
vidēre	**videō**	**vīdī**	**vīsum**	sehen, darauf achten
prōvidēre	prōvideō	prōvīdī	prōvīsum	sorgen für, dafür sorgen, dass; vorhersehen

Reduplikationsperfekt				
respondēre	**respondeō**	**respondī**	**respōnsum**	antworten, entsprechen

Verben der i-Konjugation

u-Perfekt				
aperīre	**aperiō**	**aperuī**	**apertum**	aufdecken, öffnen

s-Perfekt				
sentīre	**sentiō**	**sēnsī**	**(sēnsum)**	fühlen, meinen, wahrnehmen

Dehnungsperfekt				
venīre	**veniō**	**vēnī**	**(ventum)**	kommen
circumvenīre	circumveniō	circumvēnī	circumventum	umringen, umzingeln
convenīre	conveniō	convēnī	(conventum)	besuchen, zusammenkommen, zusammenpassen
ēvenīre	ēveniō	ēvēnī	ēventum	sich ereignen
invenīre	inveniō	invēnī	inventum	finden, erfinden
pervenīre	perveniō	pervēnī	(perventum)	kommen zu / nach

Reduplikationsperfekt				
comperīre	**comperiō**	**comperī**	**compertum**	(genau) erfahren
reperīre	reperiō	repperī	repertum	(wieder)finden

Verben der konsonantischen Konjugation

v-Perfekt				
arcessere	**arcessō**	**arcessīvī**	**(arcessītum)**	herbeirufen, holen
cernere	**cernō**	~	~	sehen, bemerken
dēcernere	dēcernō	dēcrēvī	(dēcrētum)	beschließen, entscheiden, zuerkennen
cōnsuēscere	**cōnsuēscō**	**cōnsuēvī**	**cōnsuētum**	sich gewöhnen (an); Perf. gewohnt sein
crēscere	**crēscō**	**crēvī**	~	wachsen
nōscere	**nōscō**	**nōvī**	**nōtum**	erkennen, kennenlernen
cognōscere	cognōscō	cognōvī	cognitum	erkennen, kennenlernen

petere	**petō**	**petīvī**	**petītum**	aufsuchen, (er)streben, bitten, verlangen
repetere	repetō	repetīvī	repetītum	(zurück)verlangen, wiederholen
quaerere	**quaerō**	**quaesīvī**	**(quaesītum)**	erwerben wollen, suchen; fragen
requīrere	requīrō	requīsīvī	requīsītum	aufsuchen, sich erkundigen, verlangen
quiēscere	**quiēscō**	**quiēvī**	**(quiētum)**	(aus)ruhen, schlafen
sinere	**sinō**	**sīvī**	**(situm)**	lassen, erlauben
dēsinere	dēsinō	dēsiī	(dēsitum)	aufhören

u-Perfekt

alere	**alō**	**aluī**	**(altum)**	ernähren, großziehen
colere	**colō**	**coluī**	**cultum**	bewirtschaften, pflegen; verehren
cōnsulere	**cōnsulō**	**cōnsuluī**	**cōnsultum**	befragen; beraten über; Maßnahmen ergreifen gegen; sorgen für
dēserere	**dēserō**	**dēseruī**	**dēsertum**	im Stich lassen, verlassen
pōnere	**pōnō**	**posuī**	**positum**	(auf)stellen, (hin)legen, setzen
compōnere	compōnō	composuī	compositum	vergleichen; abfassen, ordnen, schlichten
dēpōnere	dēpōnō	dēposuī	(dēpositum)	ablegen, niederlegen, aufgeben
impōnere	impōnō	imposuī	impositum	auferlegen, (hin)einsetzen
prōpōnere	prōpōnō	prōposuī	prōpositum	darlegen, in Aussicht stellen

s-Perfekt

cēdere	**cēdō**	**cessī**	**cessum**	gehen, nachgeben, weichen
accēdere	accēdō	accessī	(accessum)	herbeikommen, hinzukommen
concēdere	concēdō	concessī	(concessum)	erlauben, nachgeben, zugestehen
discēdere	discēdō	discessī	(discessum)	auseinandergehen, weggehen
excēdere	excēdō	excessī	excessum	hinausgehen, weggehen
incēdere	incēdō	incessī	incessum	heranrücken, eintreten; (jdn.) befallen
prōcēdere	prōcēdō	prōcessī	(prōcessum)	(vorwärts)gehen, vorrücken
cingere	**cingō**	**cīnxī**	**(cinctum)**	umgeben, umzingeln
claudere	**claudō**	**clausī**	**(clausum)**	abschließen, einschließen
dīcere	**dīcō**	**dīxī**	**dictum**	sagen, sprechen
dūcere	**dūcō**	**dūxī**	**ductum**	führen, ziehen
abdūcere	abdūxī	abdūxī	abductum	wegführen
addūcere	addūcō	addūxī	adductum	heranführen, veranlassen
condūcere	condūcō	condūxī	(conductum)	zusammenführen; anwerben, mieten
dēdūcere	dēdūcō	dēdūxī	dēductum	hinführen, wegführen
ēdūcere	ēdūcō	ēdūxī	ēductum	herausführen
indūcere	indūcō	indūxī	(inductum)	(hin)einführen, verleiten
exstinguere	**exstinguō**	**exstīnxī**	**exstīnctum**	auslöschen, vernichten
fingere	**fingō**	**fīnxī**	**fictum**	gestalten, sich (etwas) ausdenken
flectere	**flectō**	**flexī**	**(flexum)**	biegen, (hin)lenken, umstimmen
gerere	**gerō**	**gessī**	**gestum**	ausführen, führen, tragen
īnstruere	**īnstruō**	**īnstruxī**	**īnstructum**	aufstellen, ausrüsten; unterrichten
[iungere]				verbinden, vereinigen
adiungere	adiungō	adiūnxī	(adiunctum)	hinzufügen, anschließen
laedere	**laedō**	**laesī**	**(laesum)**	beschädigen, verletzen, beleidigen

[legere]				[s. unten]
dīligere	dīligō	dīlēxī	dīlēctum	hochachten, lieben
intellegere	intellegō	intellēxī	(intellēctum)	(be)merken, verstehen
neglegere	neglegō	neglēxī	neglēctum	nicht (be)achten, vernachlässigen
mittere	**mittō**	**mīsī**	**missum**	(los)lassen, schicken, werfen
admittere	admittō	admīsī	admissum	hinzuziehen, zulassen
āmittere	āmittō	āmīsī	āmissum	aufgeben, verlieren
committere	committō	commīsī	commissum	anvertrauen, veranstalten, zustande bringen
dēmittere	dēmittō	dēmīsī	dēmissum	hinabschicken, sinken lassen
dīmittere	dīmittō	dīmīsī	dīmissum	aufgeben, entlassen
omittere	omittō	omīsī	omissum	aufgeben, beiseite lassen
permittere	permittō	permīsī	permissum	erlauben, überlassen
prōmittere	prōmittō	prōmīsī	(prōmissum)	versprechen
nūbere	**nūbō**	**nūpsī**	**nūptum**	heiraten
premere	**premō**	**pressī**	**pressum**	(unter)drücken, bedrängen
regere	**regō**	**rēxī**	**(rēctum)**	lenken, leiten; beherrschen
pergere	pergō	perrēxī	~	aufbrechen; weitermachen
surgere	surgō	surrēxī	~	aufstehen, sich erheben
scrībere	**scrībō**	**scrīpsī**	**scrīptum**	schreiben, beschreiben
cōnscrībere	cōnscrībō	cōnscrīpsī	cōnscrīptum	aufschreiben, verfassen
sūmere	**sūmō**	**sūmpsī**	**sūmptum**	nehmen
cōnsūmere	cōnsūmō	cōnsūmpsī	cōnsūmptum	verbrauchen, verwenden
tegere	**tegō**	**tēxī**	**tēctum**	bedecken, schützen, verbergen
trahere	**trahō**	**trāxī**	**(tractum)**	ziehen, schleppen
vehere	**vehō**	**vēxī**	**vectum**	fahren, tragen, ziehen
vīvere	**vīvō**	**vīxī**	**~**	leben

Dehnungsperfekt

agere	**agō**	**ēgī**	**āctum**	handeln, treiben, verhandeln
cōgere	cōgō	coēgī	coāctum	(ver)sammeln, zwingen
exigere	exigō	exēgī	exāctum	(ein)fordern, vollenden
cōnsīdere	**cōnsīdō**	**cōnsēdī**	**(cōnsessum)**	sich setzen, sich niederlassen
emere	**emō**	**ēmī**	**ēmptum**	kaufen
frangere	**frangō**	**frēgī**	**frāctum**	zerbrechen
legere	**legō**	**lēgī**	**lēctum**	lesen; auswählen
colligere	colligō	collēgī	collēctum	sammeln
dēligere	dēligō	dēlēgī	dēlēctum	(aus)wählen
relinquere	**relinquō**	**relīquī**	**relictum**	unbeachtet lassen, verlassen, zurücklassen
[rumpere]				zerbrechen
corrumpere	corrumpō	corrūpī	corruptum	bestechen, verderben
vincere	**vincō**	**vīcī**	**victum**	(be)siegen, übertreffen

Reduplikationsperfekt

cadere	**cadō**	**cecidī**	**~**	fallen
accidere	accidō	accidī	~	geschehen, sich ereignen
occidere	occidō	occidī	~	umkommen, untergehen

[caedere]				fällen, töten
occīdere	occīdō	occīdī	occīsum	niederschlagen, töten
currere	**currō**	**cucurrī**	**(cursum)**	eilen, laufen
occurrere	occurrō	occurrī	(occursum)	begegnen, entgegentreten
[dare]				[s. S. 168]
addere	addō	addidī	additum	hinzufügen
condere	condō	condidī	conditum	erbauen, gründen; verwahren, verbergen, bestatten
crēdere	crēdō	crēdidī	(crēditum)	anvertrauen, glauben
dēdere	dēdō	dēdidī	dēditum	ausliefern, übergeben
ēdere	ēdō	ēdidī	ēditum	herausgeben, bekannt machen
perdere	perdō	perdidī	perditum	verlieren, verschwenden, zugrunde richten
reddere	reddō	reddidī	redditum	jdn. zu etw. machen
trādere	trādō	trādidī	trāditum	übergeben, überliefern
vēndere	vēndō	(vēndidī)	(vēnditum)	verkaufen
discere	**discō**	**didicī**	**~**	lernen, erfahren
fallere	**fallō**	**fefellī**	**~**	täuschen, betrügen
parcere	**parcō**	**pepercī**	**~**	schonen, verschonen
pellere	**pellō**	**pepulī**	**pulsum**	schlagen, vertreiben
expellere	expellō	expulī	(expulsum)	vertreiben, verbannen
repellere	repellō	reppulī	repulsum	zurückstoßen, abweisen, vertreiben
pōscere	**pōscō**	**popōscī**	**~**	fordern, verlangen
[sistere]				stellen, sich hinstellen
cōnsistere	cōnsistō	cōnstitī	~	haltmachen, sich aufstellen
resistere	resistō	restitī	~	stehen bleiben; Widerstand leisten
tangere	**tangō**	**tetigī**	**tāctum**	berühren
attingere	attingō	attigī	(attāctum)	berühren
contingere	contingō	contigī	contāctum	berühren; gelingen
tendere	**tendō**	**tetendī**	**tentum**	sich anstrengen, spannen; (aus)strecken
contendere	contendō	contendī	~	eilen; sich anstrengen, behaupten, kämpfen
ostendere	ostendō	ostendī	~	zeigen, darlegen
tollere	**tollō**	**sustulī**	**sublātum**	aufheben, in die Höhe heben, wegnehmen

Perfekt ohne Stammveränderung

bibere	**bibō**	**(bibī)**		trinken
[candēre]				glühen, schimmern
accendere	accendō	accendī	accēnsum	anfeuern, anzünden
incendere	incendō	incendī	incēnsum	entflammen, in Brand stecken
dēfendere	**dēfendō**	**dēfendī**	**(dēfēnsum)**	verteidigen, abwehren, schützen
metuere	**metuō**	**metuī**	**~**	(sich) fürchten
[prehendere]				ergreifen, nehmen
comprehendere	comprehendō	comprehendī	comprehēnsum	begreifen, ergreifen, festnehmen
reprehendere	reprehendō	reprehendī	reprehēnsum	kritisieren, wieder aufgreifen
ruere	**ruō**	**ruī**	**~**	eilen, stürmen, stürzen

[scandere]				steigen
dēscendere	dēscendō	dēscendī	dēscēnsum	herabsteigen
solvere	**solvō**	**solvī**	**solūtum**	auflösen, bezahlen, lösen
statuere	**statuō**	**statuī**	**(statūtum)**	aufstellen, beschließen, festsetzen
cōnstituere	cōnstituō	cōnstituī	cōnstitūtum	festsetzen, beschließen
īnstituere	īnstituō	īnstituī	(īnstitūtum)	beginnen, einrichten, unterrichten
vertere	**vertō**	**vertī**	**versum**	drehen, wenden
animadvertere	animadvertō	animadvertī	(animadversum)	bemerken, wahrnehmen
āvertere	āvertō	āvertī	āversum	abwenden, vertreiben
convertere	convertō	(convertī)	(conversum)	verändern, (um)wenden; richten (auf)
vīsere	**vīsō**	**vīsī**	**vīsum**	besichtigen, besuchen

Verben der konsonantischen Konjugation (mit i-Erweiterung)

v-Perfekt				
cupere	**cupiō**	**cupīvī**	**(cupītum)**	verlangen, wünschen, wollen

u-Perfekt				
rapere	**rapiō**	**rapuī**	**raptum**	wegführen, rauben, wegreißen
corripere	corripiō	corripuī	(correptum)	ergreifen, gewaltsam an sich reißen
ēripere	ēripiō	ēripuī	(ēreptum)	entreißen

s-Perfekt				
aspicere	**aspiciō**	**aspexī**	**(aspectum)**	erblicken
cōnspicere	cōnspiciō	cōnspexī	cōnspectum	erblicken
perspicere	perspiciō	perspexī	(perspectum)	erkennen, genau betrachten, sehen
prōspicere	prōspiciō	prōspexī	(prōspectum)	schauen auf, sehen, vorhersehen
respicere	respiciō	respexī	respectum	zurückblicken, berücksichtigen

Dehnungsperfekt				
capere	**capiō**	**cēpī**	**captum**	fassen, nehmen; erobern
accipere	accipiō	accēpī	acceptum	aufnehmen, erhalten, erfahren
incipere	incipiō	coepī (incēpī)	inceptum	anfangen, beginnen
praecipere	praecipiō	praecēpī	praeceptum	(be)lehren, vorschreiben
recipere	recipiō	recēpī	receptum	aufnehmen, wiederbekommen, zurücknehmen
suscipere	suscipiō	suscēpī	susceptum	auf sich nehmen, sich (e. Sache) annehmen, unternehmen
facere	**faciō**	**fēcī**	**factum**	machen, tun, handeln; jdn. zu etw. machen
afficere	afficiō	affēcī	affectum	versehen mit
cōnficere	cōnficiō	cōnfēcī	cōnfectum	beenden, fertig machen
dēficere	dēficiō	dēfēcī	(dēfectum)	abnehmen, ermatten; verlassen, ausgehen
efficere	efficiō	effēcī	effectum	bewirken, herstellen
interficere	interficiō	interfēcī	interfectum	töten, vernichten
perficere	perficiō	perfēcī	perfectum	erreichen, fertigstellen, vollenden

fugere	**fugiō**	**fūgī**	~	fliehen (vor), meiden
effugere	effugiō	effūgī	~	entfliehen, entkommen
[iacere]				werfen, schleudern
adicere	adiciō	adiēcī	(adiectum)	hinzufügen
conicere	coniciō	coniēcī	(coniectum)	(zusammen)werfen, folgern, vermuten
ēicere	ēiciō	ēiēcī	ēiectum	hinauswerfen, vertreiben
obicere	obiciō	obiēcī	obiectum	darbieten, vorwerfen
subicere	subiciō	subiēcī	subiectum	darunterlegen, unterwerfen

Reduplikationsperfekt

parere	**pariō**	**peperī**	**partum**	zur Welt bringen; schaffen

Deponentien der a-Konjugation

hortārī	**hortor**	**hortātus sum**	auffordern, ermahnen
mīrārī	**mīror**	**mīrātus sum**	bewundern, sich wundern
morārī	**moror**	**morātus sum**	(sich) aufhalten
versārī	**versor**	**versātus sum**	sich aufhalten, sich befinden

Deponentien der e-Konjugation

pollicērī	**polliceor**	**pollicitus sum**	versprechen
tuērī	**tueor**	~	betrachten, schützen, (milit.) sichern, sorgen für
verērī	**vereor**	**veritus sum**	fürchten, sich scheuen; verehren
vidērī	**videor**	**vīsus sum**	scheinen, gelten (als)

Deponentien der i-Konjugation

orīrī	**orior**	**ortus sum**	entstehen, sich erheben

Deponentien der kons. Konjugation

loquī	**loquor**	**locūtus sum**	reden, sprechen
nāscī	**nāscor**	**nātus sum**	entstehen, geboren werden
prōficīscī	**prōficīscor**	**prōfectus sum**	(ab)reisen, aufbrechen
querī	**queror**	**questus sum**	klagen, sich beklagen (über)
sequī	**sequor**	**secūtus sum**	folgen
ūtī	**ūtor**	**ūsus sum**	benutzen, gebrauchen

Deponentien der kons. Konjugation (i-Erweiterung)

[gradī]			gehen, schreiten
aggredī	aggredior	aggressus sum	angreifen, herangehen
ēgredī	ēgredior	ēgressus sum	herausgehen, verlassen
morī	**morior**	**mortuus sum**	sterben
patī	**patior**	**passus sum**	(er)leiden, ertragen, zulassen

Semideponentien				
audēre	audeō	(ausus sum)		wagen
cōnfīdere	cōnfīdō	(cōnfīsus sum)		vertrauen
gaudēre	gaudeō	(gāvīsus sum)		sich freuen (über)
solēre	soleō	(solitus sum)		gewöhnlich etw. tun, gewohnt sein

Perfektopräsentien				
cōnsuēvisse	cōnsuēvī			gewohnt sein
nō(vi)sse	nōvī			kennen, wissen
ōdisse	ōdī			hassen

Weitere Verben

esse	sum	fuī	(futūrum)	sein, sich befinden
abesse	absum	āfuī	~	abwesend sein, fehlen
adesse	adsum	adfuī	~	da sein, helfen
dēesse	dēsum	dēfuī	~	abwesend sein, fehlen
posse	possum	potuī	~	können
praeesse	praesum	praefuī	~	an der Spitze stehen, leiten
ferre	ferō	tulī	lātum	bringen, tragen; ertragen
afferre	afferō	attulī	allātum	bringen, herbeibringen, mitbringen; melden
auferre	auferō	abstulī	ablātum	rauben, wegbringen
cōnferre	cōnferō	contulī	collātum	vergleichen, zusammentragen
differre	differō	distulī	dīlātum	sich unterscheiden (von)
efferre	efferō	extulī	ēlātum	herausheben, hervorbringen
praeferre	praeferō	praetulī	praelātum	vorziehen
prōferre	prōferō	prōtulī	prōlātum	(hervor)holen, zur Sprache bringen
referre	referō	rettulī	relātum	(zurück)bringen, berichten
īre	eō	iī	itum	gehen
abīre	abeō	abiī	(abitum)	weggehen
adīre	adeō	adiī	(aditum)	herantreten (an), bitten
exīre	exeō	exiī	(exitum)	herausgehen
inīre	ineō	iniī	(initum)	hineingehen, beginnen
perīre	pereō	periī	~	zugrunde gehen, umkommen
praeterīre	praetereō	praeteriī	praeteritum	übergehen, vorbeigehen
redīre	redeō	rediī	reditum	zurückgehen, zurückkehren
subīre	subeō	subiī	subitum	auf sich nehmen, herangehen
trānsīre	trānseō	trānsiī	(trānsitum)	hinübergehen, überschreiten
velle	volō	voluī	~	wollen
nōlle	nōlō	nōluī	~	nicht wollen
fierī	fīō	factus sum		gemacht werden; geschehen, werden

Grammatisches Register

Es werden im Folgenden die Lektionsziffern angegeben.

Grammatisches Register

Grammatisches Register